西方古典学研究
编辑委员会

主　编：黄　洋　（复旦大学）
　　　　高峰枫　（北京大学）

编　委：陈　恒　（上海师范大学）
　　　　李　猛　（北京大学）
　　　　刘津瑜　（美国德堡大学）
　　　　刘　玮　（中国人民大学）
　　　　穆启乐　（Fritz-Heiner Mutschler，德国德累斯顿大学）
　　　　彭小瑜　（北京大学）
　　　　吴　飞　（北京大学）
　　　　吴天岳　（北京大学）
　　　　徐向东　（浙江大学）
　　　　薛　军　（北京大学）
　　　　晏绍祥　（首都师范大学）
　　　　岳秀坤　（首都师范大学）
　　　　张　强　（东北师范大学）
　　　　张　巍　（复旦大学）

西方古典学研究

伊壁鸠鲁主义实践伦理学导论

Introduction to Epicurean Practical Ethics

Michael Erler

[德] 迈克尔·埃勒 著
陈洁 译 刘玮 编校

北京大学出版社
PEKING UNIVERSITY PRESS

著作权合同登记号 图字：01-2021-1323

图书在版编目（CIP）数据

伊壁鸠鲁主义实践伦理学导论 /（德）迈克尔·埃勒著；陈洁译. —北京：北京大学出版社，2021.4

（西方古典学研究）

ISBN 978-7-301-31957-4

Ⅰ. ①伊… Ⅱ. ①迈… ②陈… Ⅲ. ①伊壁鸠鲁（Epikouros 前341—前270）– 哲学思想 – 伦理学 – 研究 Ⅳ. ① B502.31

中国版本图书馆 CIP 数据核字（2021）第 015469 号

Introduction to Epicurean Practical Ethics

© 2021 by Michael Erler

Simplified Chinese Edition © 2021 Peking University Press

All Rights Reserved

书　　　名	伊壁鸠鲁主义实践伦理学导论 YIBIJIULU ZHUYI SHIJIAN LUNLIXUE DAOLUN
著作责任者	[德] 迈克尔·埃勒（Michael Erler）著　陈　洁译　刘　玮编校
责任编辑	王晨玉
标准书号	ISBN 978-7-301-31957-4
出版发行	北京大学出版社
地　　　址	北京市海淀区成府路 205 号　100871
网　　　址	http://www.pup.cn 新浪微博:@北京大学出版社
电子信箱	pkuwsz@126.com
电　　　话	邮购部 010-62752015　发行部 010-62750672　编辑部 010-62752025
印刷者	北京中科印刷有限公司
经销者	新华书店 730 毫米 × 1020 毫米　16 开　13.5 印张　200 千字 2021 年 4 月第 1 版　2021 年 4 月第 1 次印刷
定　　　价	42.00 元

未经许可，不得以任何方式复制或抄袭本书之部分或全部内容。

版权所有，侵权必究

举报电话：010-62752024　电子信箱：fd@pup.pku.edu.cn

图书如有印装质量问题，请与出版部联系，电话：010-62756370

"西方古典学研究"总序

古典学是西方一门具有悠久传统的学问,初时是以学习和通晓古希腊文和拉丁文为基础,研读和整理古代希腊拉丁文献,阐发其大意。18世纪中后期以来,古典教育成为西方人文教育的核心,古典学逐渐发展成为以多学科的视野和方法全面而深入研究希腊罗马文明的一个现代学科,也是西方知识体系中必不可少的基础人文学科。

在我国,明末即有士人与来华传教士陆续译介希腊拉丁文献,传播西方古典知识。进入20世纪,梁启超、周作人等不遗余力地介绍希腊文明,希冀以希腊之精神改造我们的国民性。鲁迅亦曾撰《斯巴达之魂》,以此呼唤中国的武士精神。20世纪40年代,陈康开创了我国的希腊哲学研究,发出欲使欧美学者以不通汉语为憾的豪言壮语。晚年周作人专事希腊文学译介,罗念生一生献身希腊文学翻译。更晚近,张竹明和王焕生亦致力于希腊和拉丁文学译介。就国内学科分化来看,古典知识基本被分割在文学、历史、哲学这些传统学科之中。20世纪80年代初,我国世界古代史学科的开创者日知(林志纯)先生始倡建立古典学学科。时至今日,古典学作为一门学问已渐为学界所识,其在西学和人文研究中的地位日益凸显。在此背景之下,我们编辑出版这套"西方古典学研究"丛书,希冀它成为古典学学习者和研究者的一个知识与精神的园地。"古典学"一词在西文中固无歧义，但在中文中可包含多重意思。丛书取"西方古典学"之名，是为避免中文语境中的歧义。

收入本丛书的著述大体包括以下几类：一是我国学者的研究成果。近年来国内开始出现一批严肃的西方古典学研究者，尤其是立志于从事西方古典学研究的青年学子。他们具有国际学术视野，其研究往往大胆而独具见解，代表了我国西方古典学研究的前沿水平和发展方向。二是国外学者的研究论著。我们选择翻译出版在一些重要领域或是重要问题上反映国外最新研究取向的论著，希望为国内研究者和学习者提供一定的指引。三是西方古典学研习者亟需的书籍，包括一些工具书和部分不常见的英译西方古典文献汇编。对这类书，我们采取影印原著的方式予以出版。四是关系到西方古典学学科基础建设的著述，尤其是西方古典文献的汉文译注。收入这类的著述要求直接从古希腊文和拉丁文原文译出，且译者要有研究基础，在翻译的同时做研究性评注。这是一项长远的事业，非经几代人的努力不能见成效，但又是亟需的学术积累。我们希望能从细小处着手，为这一项事业添砖加瓦。无论哪一类著述，我们在收入时都将以学术品质为要，倡导严谨、踏实、审慎的学风。

我们希望，这套丛书能够引领读者走进古希腊罗马文明的世界，也盼望西方古典学研习者共同关心、浇灌这片精神的园地，使之呈现常绿的景色。

"西方古典学研究"编委会

2013 年 7 月

目　录

编校者前言　　　　　　　　　　　　　　　　　　　I
前　言　　　　　　　　　　　　　　　　　　　　　VII

第一章　伊壁鸠鲁的智慧者：实践伦理学作为"治疗的哲学"　1
　一、梵蒂冈的伊壁鸠鲁　　　　　　　　　　　　　1
　二、伊壁鸠鲁的学说　　　　　　　　　　　　　　7
　三、伊壁鸠鲁的"治疗哲学"　　　　　　　　　　11
　四、伊壁鸠鲁主义的自我神化：以《蒂迈欧》为背景　21
　五、道德价值与自然中缺少价值　　　　　　　　　26
　六、友爱　　　　　　　　　　　　　　　　　　　30

第二章　伊壁鸠鲁的花园：宗教与哲学　35
　一、伊壁鸠鲁主义社团　　　　　　　　　　　　　35
　二、文本与伊壁鸠鲁主义共同体　　　　　　　　　39
　三、纪念文学　　　　　　　　　　　　　　　　　41
　四、"勿忘人终有一死"　　　　　　　　　　　　43

五、伊壁鸠鲁，对死亡的恐惧和无限的欲望 49

六、柏拉图的《斐多》：一篇纪念文字 53

七、伊壁鸠鲁论纪念和哀悼 59

八、结论 63

第三章 伊壁鸠鲁主义"真正的政治学" 67

一、伊壁鸠鲁与"苏格拉底式的政治学" 67

二、伊壁鸠鲁主义的政治学及其目标：安全 70

三、苏格拉底作为真正的政治家：《高尔吉亚》 75

四、亚里士多德 78

五、菲洛德穆斯 79

六、奥伊诺安达的第欧根尼：伊壁鸠鲁学派的政治家 81

七、普鲁塔克 89

第四章 治疗的神学：伊壁鸠鲁对传统宗教实践的转化 97

一、治疗的神学 97

二、神的存在 100

三、遥远的神和对他们的崇拜 105

四、对崇拜活动的推崇（《论虔诚》） 110

五、祈祷和转化 118

六、卢克莱修致维纳斯的颂诗 120

七、伊壁鸠鲁主义的祈祷、实践和内心独白 126

第五章 "治疗的阐释学":伊壁鸠鲁、诗歌与伊壁鸠鲁主义的正统学说　129

- 一、导言　129
- 二、伊壁鸠鲁与传统教育　133
- 三、菲洛德穆斯:一位受过良好教育的伊壁鸠鲁主义者　136
- 四、伊壁鸠鲁对诗歌的运用　138
- 五、哲学的仆人:卢克莱修的诗　142
- 六、诗歌服务于传统教育:目的与使用方式　146
- 七、两种方法:计算法和始点法　147
- 八、卢克莱修论爱　152
- 九、卢克莱修论瘟疫　155
- 十、结论:再论正统与创新　158

第六章　罗马共和国和罗马帝国基督教时期的伊壁鸠鲁主义　161

- 一、创新与正统:伊壁鸠鲁主义的实践哲学与罗马传统　161
- 二、伊壁鸠鲁主义的"经济学"　170
- 三、忒勒马库斯的旅行与对旅行的批判　176
- 四、调整及其效用　184
- 五、与基督教的融合和分歧　185

编校者前言

公元前4世纪末伊壁鸠鲁在雅典创建了自己的学园。之后这个学派逐渐发展壮大,不仅在希腊化时代盛极一时,而且在罗马共和国、罗马帝国时代影响深远。就算在基督教"一统天下"的中世纪一度失势,但是到了现代,伊壁鸠鲁主义很快就再次崛起,还进一步扩大了自己影响。伊壁鸠鲁主义不仅在文艺复兴人文主义者中间非常流行,而且与现代自然科学中的机械论和原子论,现代伦理学和政治哲学中的自然法理论和功利主义产生了密切的联系。在当代的学术研究中,伊壁鸠鲁主义又因为赫库兰尼姆莎草纸(Herculaneum Papyri)的解读和奥伊诺安达的第欧根尼(Diogenes of Oenoanda)铭文的发现,而成为近几十年古典语文学和古典哲学研究中的持续热点。

但是在中国伊壁鸠鲁主义研究却一直非常薄弱,甚至非常边缘,这不得不说是一个巨大的缺憾。呈现在读者面前的这本小书,就是弥补这个缺憾的一次努力。

2017年5月,迈克尔·埃勒教授和夫人应邀首次访问中国,在中国人民大学哲学院的"人大古希腊哲学名师讲座"(第九期),

围绕"伊壁鸠鲁主义者如何与他人共度幸福生活"的问题，做了六次讲座。埃勒教授用活力四射的讲座和耐心细致的答疑，为我们奉上了一次伊壁鸠鲁主义的思想盛宴。随后，这些讲稿又经过埃勒教授的精心修订，最终以这本《伊壁鸠鲁主义实践伦理学导论》集结成册。

埃勒教授1953年8月出生在德国科隆，在科隆大学完成博士学位之后，先后在康斯坦茨大学、科隆大学、埃尔朗根－纽伦堡大学、维尔茨堡大学担任教职，现在是维尔茨堡大学的古典语文学荣休讲席教授、维尔茨堡大学高等研究院院长。埃勒教授是享誉世界的古典学家，在古希腊罗马诗歌、柏拉图和柏拉图主义、伊壁鸠鲁主义、莎草纸文献研究等方面，都有着极高的造诣。

在伊壁鸠鲁主义研究方面，埃勒教授发表过40多篇研究论文，从这个学派的起源到当代的最新进展，讨论了伊壁鸠鲁主义的方方面面。这一点从本书的注释中就能够得到清晰的体现，里面不仅有他本人发表的大量论文，还提到了英语、德语、法语和意大利语学界经典的和最前沿的研究。埃勒教授在这本小书中说的每一句话都有出处，每一句话背后都有他近三十年来对伊壁鸠鲁主义的精深研究作为支撑。但是与此同时，埃勒教授的写作方式却没有一点学究气，反而极其平易近人、深入浅出，在很大程度上保持了学术讲座的晓畅风格。

这本《伊壁鸠鲁主义实践伦理学导论》的每一章都从一个独

特的视角切入伊壁鸠鲁主义的内在机理，体现这个学派的突出特色，是一部名副其实的"大家小书"。我在这里没有必要详细介绍每一章的内容，只想概括这本书的几个突出的特色。

第一，本书并不是对伊壁鸠鲁主义的全面介绍，而是着重关注伊壁鸠鲁主义的实践伦理学，强调伊壁鸠鲁主义是一种对人生有极强现实意义的"治疗哲学"。因为伊壁鸠鲁主义的实践维度，既是这个学派能够在历史上长盛不衰的重要原因，也是在今天依然值得我们阅读的一个重要原因。但是同时，伊壁鸠鲁主义的这种实践伦理学又是非常广义的，包括了伊壁鸠鲁主义著名的原子论和唯物主义世界观（物理学）、关于神不关心人类的学说（神学）、伊壁鸠鲁主义者对人类共同生活原则的关切（政治学）、强调身体没有痛苦和灵魂没有搅扰的快乐主义（伦理学），以及后来的伊壁鸠鲁主义者对伊壁鸠鲁本人和其他传统文本的解读（阐释学）。因此从实践伦理学的角度又足以涵盖伊壁鸠鲁主义的所有方面。

第二，人们通常认识伊壁鸠鲁主义的时候，都倾向于强调这个学派与希腊传统思想的差别，特别是与柏拉图、亚里士多德哲学的差别，比如反对目的论，主张机械论；反对有神论、主张无神论；反对理智主义，主张经验主义；反对德性论，主张快乐主义；等等。而埃勒教授在承认伊壁鸠鲁做出了重要的哲学创新的同时，强调了伊壁鸠鲁哲学与之前的希腊思想传统，特别是与诗歌传统、修辞学传统和柏拉图主义传统的连续性，强调了伊壁鸠鲁对前人思想资源的吸收和融合。

第三，人们通常了解的伊壁鸠鲁主义，带有很强的正统化，甚至教条化倾向，就是坚守伊壁鸠鲁这位"教主"留下的思想遗产。而埃勒教授在本书中从不同的角度反复指出，伊壁鸠鲁主义传统在保持基本学说稳定的前提下具有相当强的开放性和灵活性，比如他们对纪念性文字的使用、对诗歌的运用、对传统宗教活动的重新认识以及对罗马贵族风尚的适应融合。也正是这种稳定基础上的灵活性，让这个学派历经两千多年依然保持着持久的生命力。

第四，埃勒教授并不否认，我们目前掌握的有关伊壁鸠鲁主义的资料还非常有限，从现有的资料看，伊壁鸠鲁主义思想的内部确实存在一些张力，比如在原子论的物理学与快乐主义的伦理学之间是否有必然联系？在机械论的宇宙观与神的不朽之间有什么关系？否定传统政治生活的价值，主张过"不引人注目的生活"与倡导伊壁鸠鲁主义的政治共同体是否完全相容？否定传统诗歌教育与运用诗歌手段传播伊壁鸠鲁主义学说之间是否存在矛盾？但是如果我们把这些张力放在"治疗哲学"的整体视野之下，用一种动态的、既有继承又有发展的视角去看待，就算不能彻底消除这些张力，至少也可以让它们得到很大程度的缓解。

总的来讲，我相信这本《伊壁鸠鲁主义实践伦理学导论》可以极大地加深我们对伊壁鸠鲁主义丰富内涵的了解，也足以打破我们对伊壁鸠鲁主义的很多刻板印象，它也是我读过的最好的伊壁鸠鲁主义哲学导论。

这本书能够面世，我要感谢很多人。我要首先感谢埃勒教授接受我的邀请，并且特地为这个系列讲座撰写了全部讲稿。"人大古希腊名师讲座"一直得到中国人民大学哲学院的大力支持，以及学校"学科国际前沿培训项目"的慷慨资助。埃勒教授访问期间，还应邀到北京大学和四川大学做了两场关于柏拉图的讲座，我要感谢林丽娟、熊林、梁中和、曾怡几位老师对埃勒教授夫妇的热情款待。

本书的翻译由我在人大的学生陈洁完成。陈洁的硕士论文正是关于伊壁鸠鲁的"快乐"概念，埃勒教授的系列讲座让她受益良多。陈洁目前正在美国攻读博士学位，在紧张的学业之余完成了本书的翻译，她的译文准确流畅、质量上乘，我也衷心地希望她在伊壁鸠鲁主义研究上能够再攀新高。在埃勒教授夫妇来访时，陈洁协助我做了很多接待工作，我在此一并向她表示感谢。

最后，我要感谢本书的编辑王晨玉，感谢她一如既往的耐心、支持和永远出色的编辑工作！

刘 玮

2019年2月11日

前　言

本书是我 2017 年 5 月在中国人民大学所做的六次讲座。这一系列讲座属于中国人民大学哲学院始于 2011 年的"古希腊哲学名师讲座",我非常荣幸受邀参与其中。这是我第一次来到中国。非常感谢能有这个荣幸和机会,与中国人民大学以及中国其他院校(包括北京大学、四川大学)的学者和学生们分享我关于伊壁鸠鲁主义、柏拉图及柏拉图主义的一些想法。我要感谢在各地进行的深入讨论,也感谢各个大学、学者和学生的热情款待,特别是刘玮教授的招待,他让我的这次北京之旅成为非常美好的回忆。

我讲座的主题选取的是伊壁鸠鲁主义实践哲学的一些方面。为这次讲座我专门撰写了这些论文,但我已多年致力于研究伊壁鸠鲁主义的实践伦理、政治方面以及对其他学派和其他传统的影响,比如对罗马帝国时期柏拉图传统的影响。因此,作为一个语文学家,同时也作为伊壁鸠鲁主义文本的研究者,我非常高兴能有机会在这个"导论性"的著作中,讨论这些吸引我的问题。

在我讲座之后的热烈讨论,证明了大家对伊壁鸠鲁主义的实践哲学，以及"生活技艺"的问题有着浓厚的兴趣；同时也证明了，伊壁鸠鲁主义者就这些问题提供的答案和一些建议不仅在历史上备受关注，也被认为是解决现今问题极具启发性和非常有益的思想资源。

实际上，在伊壁鸠鲁所处的时代（公元前3—前2世纪），哲学的焦点已经从形而上学的思辨转向了对个体及个体幸福（eudaimonia）的关注，这种发展尤其是由当时受到的挑战引起的。这些挑战包括：地理上对东方的开放，城市的殖民，希腊人与新世界文化上的紧密接触，居住地习俗、社会和经济上的变化，以及政治上新的统治形式等。所有这些都削减了旧的城邦制度的意义，导向了一种新的个人主义：每个人都关心自身，而对政治责任持缄默态度。因此在当时，伴随着世界性文化趋势的是对短小的文学体裁的偏爱，发展中的全球化过程得到了个人主义以及更多寻求个人目标的回应。

这其中的某些方面，比如"全球化"带来的问题，可能对于现代读者来说非常熟悉。现在人们可能同样认为，由于政治和社会的变化，世界变得难以掌控，更加令人惊异；人们可能同样尝试规划他们自己的生活，因此会寻求克服烦恼的标准和方法，以过上平稳的生活，获得幸福。因此向他们许诺幸福的人必须要提供用以消解这些现象的方式。那些自助手册和关于生活艺术的通俗读本在销售上的成功，标志着对个人目标的追求。在这一背景下，现代哲学家（皮埃尔·阿多[Pierre Hadot]，米歇尔·福柯[Michel Foucault]）越来越多地记起古代"自我关怀"之类的概念。伊壁鸠鲁也从这种复兴中获益。公元前3世纪末，伊壁鸠鲁在雅典的一个花园（kepos）建立了他的学校。作为一种特殊生活方式的代表，同时也作为一种"生活技艺"的导师，伊壁鸠鲁在古代便赢得了许多追随者——尤其是在危机时期，有些人认为他的教导甚至在今天也极为有益。

伊壁鸠鲁和伊壁鸠鲁主义者的确承诺帮助人们过幸福的生活，并宣称他们的教导会激发一种特殊的态度，如果一个人希望过上好的、没有内在烦扰的幸福生活，这种态度是必要的。他们给人们提供帮助自己的具体方法和内容，用于获得纠正错误态度、树立正确态度的品格。伊壁鸠鲁主义哲学家的特点，不仅在于他们的哲学教义和哲学论述，还在于能够使他们的学说在任何可能的情况下，成为实践行动的准则。为了获得安全和幸福，人们应该努力克服恐惧和焦虑。伊壁鸠鲁提供了一些方法，用于在恼人的情况下获得从令人不安的恐惧中治愈自己的能力。这种治疗方法包含在伊壁鸠鲁主义的学说之中，也包含在其基本信念之中："不必惧怕神，不必怀着猜疑的恐惧面对死亡，幸福是容易得到的，不幸也是能够轻易承受的。"伊壁鸠鲁不仅提供了从恐惧中解脱的方法，还允许每个人作为"病人"加入他们，不论老少皆可受到指导。这也使他区别于许多古代哲人，他的基本信念，如否认灵魂的不朽，否认神的庇佑，快乐是所有人的追求，等等，甚至给那些强烈反对他的人也留下了深刻印象。尽管存在各种论战，但是就连伊壁鸠鲁的论敌也经常承认，他的生活在某些方面是具有模范作用的。

伊壁鸠鲁的实践哲学提供了一种"生活的技艺"，并以多种著作形式传播、解释和说明，包括他的科学著作，比如《论自然》，也包括其他类型的文献，如论战性的著作、关于学园成员的生平与死亡的纪念性著作、给各地友人和团体的信件、简短的手册、摘要，以及为如何塑造及获得幸福生活提供简单而合理指导的语录，等等。

对知识的实践、应用、咨询或习惯，对伊壁鸠鲁主义有重要意义。那些摘要、语录、问答或手册，都以容易理解与记忆的形式，结合日常生活中应用方法的指导，展现了伊壁鸠鲁主义的学说。

这些文本推荐人们记住那些容易理解的基本语句，而不是让读者直面复杂的哲学理论和争议。伊壁鸠鲁关于知识传播的观点能够解释这一点。和柏拉图一样，伊壁鸠鲁强调反思作为生活技艺的哲学基础。与柏拉图不同的是，他并不关心对真理的独立探索，而是关注对学说的记忆。因此，这些文本是获得伊壁鸠鲁实践哲学的方式和基本要素，他还提供了在日常生活的逆境中应用这些学说的技巧，这使得他的哲学在古代甚至在今天对许多人都具有吸引力。

现代的快乐主义者道林·格雷（Dorian Gray）通过阅读一本书而被毒害①，而伊壁鸠鲁主义者通过教化将自己从"无知的瘟疫"（第欧根尼 [Diogenes] 的说法）中解放出来。对伊壁鸠鲁来说，阅读是用于追求快乐和幸福的"自我关怀"技艺的一部分。哲学的治疗（philosophia medicans）成为语言的治疗（philologia medicans）。

当然，这并不意味着伊壁鸠鲁和伊壁鸠鲁主义者没有努力为这种观点奠定理论基础。相反，正像伊壁鸠鲁在他的主要著作《论自然》中体现的那样，他们为上述实践发展出一套认识论、本体论以及伦理学的框架。然而，值得注意的是，像原子论或经验论这些基础也总是包含着伦理意图，比如解释为什么令人烦恼的事物并不是真的令人烦恼，就像罗马的伊壁鸠鲁主义诗人卢克莱修所做的那样。因此，伊壁鸠鲁的世界观并非纯粹停留在理论层面，而是意在形成一种特殊的生活方式，从而具有实践性。毕竟，理论哲学与实践哲学在他那里是紧密相连的。

在某种程度上，伊壁鸠鲁把世界看作是自我修养的教科书。理论沉思成为帮助我们实现自我定向的治疗活动的一部分。只有

---

① 道林·格雷是奥斯卡·王尔德的小说《道林格雷的画像》（The Picture of Dorian Gray）的主人公，他在阅读诱惑他的沃顿（Lord Wooton）给他的一本黄皮书时被毒害。点燃了各种罪恶的欲望。——校注

那些知道如何应对意外的麻烦或是自然的残酷的人,才能克服"内在于我们的恐惧"(卢克莱修)。如此,人们才能获得一种疏离的态度(distanced attitude),也就是让观察者立于事物之外,从而感到快乐。

然而,那些将自己所有的活动都导向自身,并将一切都转化为自我关怀的人,很容易遭到质疑,被认为完全是在崇拜自我,主张一种现代的时髦和浮夸。但是我想要表明,这并不是伊壁鸠鲁推崇的。伊壁鸠鲁主义者绝不可能仅靠自身就获得快乐和幸福。他需要食物,也需要同伴去建立与这个世界的联系,他需要友爱。自信与安全感都需要有利于自身幸福的环境。最初这可能是由一个花园中的小团体构成的。伊壁鸠鲁主义者把世界看作共同的家园。奥伊诺安达的第欧根尼在市政广场刻下的铭文,就是在尝试触及尽可能多的人,从而治愈他们的无知。与后来的约翰·斯图亚特·密尔(John Stuart Mill)一样,伊壁鸠鲁主义者追求的也是最大多数人的最大幸福。他们希望人们走上通往理想社会的道路:没有法律、甚至是没有国家的社会生活,只要有正确理解的自我利益,就不仅能让伊壁鸠鲁,而且能让所有人都过上类似"人间之神"的生活。伊壁鸠鲁被广为引用的远离政治的呼吁——"过隐秘的生活"(live in secret),他宣扬的自我修养,他的功利主义基础,都不应该掩盖他哲学中的利他性质。这看起来似乎是自相矛盾的:伊壁鸠鲁的功利主义学说要求人们以人类同胞为导向，去推动社会的发展。对行为研究的最新理论把由基因决定的自我中心置于社会发展的语境之中，而伊壁鸠鲁的观点与这些理论非常吻合。自由地说出自己遇到的问题，考察自己的良心，忏悔自己对友人的罪行，都是伊壁鸠鲁推崇的。这样看来，伊壁鸠鲁的许多观点似乎都很现代化，容易让人联想到忏悔和心理治疗。但伊壁鸠鲁的观点并非关于罪的宽恕，而是关于自我分析的能力，这是每一个改善与治愈过程的开始。

由此可见，伊壁鸠鲁主义的实践伦理有着深远的影响。鉴于它提供的是使人们免于恐惧和痛苦的治疗，因此可以被称为是"治疗的哲学"。我会在本书中进一步展开对伊壁鸠鲁主义实践伦理的各个方面的讨论。

在第一章里我会讨论伊壁鸠鲁主义"智慧者"的理想。第二章转向伊壁鸠鲁的学园，也就是他的"花园"，讨论有朽自我的完善如何与对他者的关怀结合。第三章讨论如何理解伊壁鸠鲁主义的智慧者应当远离政治的主张。我认为，最新发现的伊壁鸠鲁主义铭文能够帮助我们更好地理解这一点，我会对政治的真正含义提供一种新的理解，我们会发现，伊壁鸠鲁建议回避的只是传统政治。我想论证的是，伊壁鸠鲁主义推崇的这种新的、适用于所有社会的"哲学式的"政治，在柏拉图－苏格拉底的传统中能够看到，并且在《高尔吉亚》中通过柏拉图笔下的苏格拉底之口有所反映。在第四章，我会证明尽管伊壁鸠鲁被指控是无神论者，但伊壁鸠鲁接受神的存在并接受传统宗教的特征，实际上他将这些都转化为所谓的"治疗的神学"（*theologia medicans*），并将它们整合到其实践伦理或者说"治疗的哲学"之中。在第五章，我会尝试为伊壁鸠鲁主义辩护，因为有人指控他们"反对教化"（*apaideusia*），即认为他忽视传统教育。我会探讨在这个问题上所谓的伊壁鸠鲁主义正统与创新的关系。在最后一章，也就是第六章，我会讨论伊壁鸠鲁主义实践伦理学在罗马及古代晚期的某些体现，并讨论伊壁鸠鲁主义的学说如何适应新的罗马语境，甚至是古代晚期和文艺复兴时期的基督教语境。我的主要论点是，伊壁鸠鲁主义的实践伦理关注的是在群体中的良好生活，它们在古代甚至可能在今天都有着重要意义。它们能够被更好地解释与理解为一种对先前哲学家——尤其是对柏拉图——的回应。

在此，我要感谢马里恩·施耐德（Marion Schneider）协助我完成了此讲稿的英文版；感谢弗朗索瓦·勒诺（Francois Renaud）在洪堡奖学金的支持下，在维尔兹堡与我共同研究柏拉图，我们一起讨论了这些讲稿中的许多议题，并为英文版的改进提供了很好的建议；感谢康斯坦丁·黑尔（konstantin Heil）耐心地帮我检查脚注。他们都对我帮助很大，对此我非常感激。

第一章 伊壁鸠鲁的智慧者：实践伦理学作为"治疗的哲学"

一、梵蒂冈的伊壁鸠鲁

在梵蒂冈一位教皇私人房间的墙上，拉斐尔画了著名的《雅典学园》，这幅画已经成为西欧文化的象征。[1]拉斐尔在这幅画中汇集了众多古代著名的哲学家。人们能够从画上的58位哲学家中认出柏拉图、亚里士多德、赫拉克利特、第欧根尼等。在拉斐尔的画中，他们正在做哲学家最喜欢的事情：讨论、教学、阅读、写作，以及偶尔的互相倾听。就像文艺复兴时期的伟大作家瓦萨里（Vasari）指出的，[2]拉斐尔通过描绘每个哲学家不同的哲学交

---

[1] 参见 M. Erler, "Epikur in Raphaels ‚Schule von Athen'?," in M. Erler ed., *Epikureismus in der späten Republik und der Kaiserzeit*, Stuttgart, 2000, pp. 273-294; G. Most, "Reading Raphael: The School of Athens and its Pre-Text," *Critical Inquiry*, vol. 23 (1996), pp. 145-182。

[2] 参见 G. Vasari, "Das Leben von Leonardo da Vinci, Raffael von Urbino und Michelangelo Buonarotti," ed. by R. Kranz, Stuttgart, 1996, p. 51; 关于交流方式的重要性，参见 J. Burckhardt, "Der Cicerone. Eine Anleitung zum Genuss der Kunstwerke Italiens, 2," in J. Burckhardt, *Gesammelte Werke*, Band 10, Basel, 1959, p. 273f.; 关于观众的欣赏法则，参见（转下页）

流方式，来塑造他们的形象。这样看来，拉斐尔似乎遵循了洛伦佐·瓦拉（Lorenzo Valla）在他的著作《论快乐》（De voluptate）中确立的规则，即哲学家的交流方式应当与他个人的性格和他的哲学主张相匹配。① 也就是说，不同的哲学交流方式，能够告诉观众有关这位哲学家的信息，比如他是谁、他如何践行哲学、他的哲学思想是什么等。这就使我们比较容易辨认出拉斐尔描绘的哲学家。总体上，辨认他们还是相对简单的。② 但是，如果要找出本书关注的哲学家伊壁鸠鲁，就不那么容易了。伊壁鸠鲁是雅典哲学家，生活在希腊化时代早期（公元前341—前270年）。他在雅典建立了一所学园，③ 这标志着一个重要而有趣，同时又富有争议的哲学运动的开端。这个运动持续了500多年，一直延续到罗马帝国时代。④ 学者们多次尝试在拉斐尔的这幅画中找出伊

（接上页）J. Hankins, *Plato in the Italian Renaissance*, vol. I, Leiden/New York 1991, p. 330f.; M. Erler, "Epikur in Raphaels ‚Schule von Athen'?," p. 276; G. Most, *Raffael. Die Schule von Athen. Über das Lesen der Bilder*, Frankfurt, 1999。

① 参见 L. Valla, *De vero falsoque bono*, ed. M. De Panizza Lorch, Bari, 1970; M. Erler, "Einleitung," in L. Valla, *Vom wahren und falschen Guten*, ed. and trans. by E. and O. Schönberger, Würzburg, 2004, pp. 7-19。

② 参见 Erler, "Epikur in Raphaels ‚Schule von Athen'?," p. 280。

③ 参见 D. Clay, "The Athenian Garden," in J. Warren ed., *The Cambridge Companion to Epicureanism*, Cambridge, 2009, pp. 9-28。

④ 参见 D. Sedley, "Epicureanism in the Roman Republic," in *The Cambridge Companion to Epicureanism*, pp. 29-45; Erler, "Epicureanism in the Roman Empire," in *The Cambridge Companion to Epicureanism*, pp. 46-64。

壁鸠鲁，但似乎很难辨认出来。据我所知，关于画中哪位是伊壁鸠鲁，至今都没有任何提议被认为是完全有说服力的。我认为，我们可以从伊壁鸠鲁给梅瑙凯（Menoeceus）的信中找到线索。① 在这封信中，伊壁鸠鲁讲述了他的哲学和哲学交流方式。伊壁鸠鲁在这封信开头说的，正好符合这幅画左边，站在柱子周围的一个小团体的特点。因此我们有理由相信，这一群人就是伊壁鸠鲁主义者，其中那个戴着常春藤花环并指向面前书本的人，就是伊壁鸠鲁。② 周围那些关注他的人，在我看来都是他的追随者。这一群人的构成非常有趣，因为这四个人每个人都处于不同的年龄阶段，显然代表着不同的生命阶段，一个婴儿、一个非常年轻的人、一个处于盛年的人，以及一位老人。这样的构成在拉斐尔这幅画的其他任何人群中都找不到。据我所知，在辨认这群人的讨论中，这个特点并没有得到充分利用，而我认为，这一点正是我们的线索，让我们能够将这群人认作是伊壁鸠鲁主义者，而将那个戴常春藤花环的人认作是伊壁鸠鲁。因为这个由四人组成的小群体，并且其中的每个人代表着不同的生命阶段，很容易让人们想到伊壁鸠鲁给梅瑙凯的信的开头，而且显然这样的构成意在让人们联想到这一点。

---

① 参见伊壁鸠鲁：《致梅瑙凯的信》122。

② 参见 Erler, "Epikur in Raphaels ‚Schule von Athen'?," pp. 286-289.

拉斐尔：《雅典学园》（表现伊壁鸠鲁及其学园的局部）

伊壁鸠鲁给梅瑙凯的信被保存在第欧根尼·拉尔修的《名哲言行录》(*Lives of Eminent Philosophers*)中，在拉斐尔的时代，这封信已经被翻译成了拉丁文。伊壁鸠鲁在信的开头说道：

> 伊壁鸠鲁向梅瑙凯问好！不要在年轻的时候慢于追求智慧，也不要在年老时倦于追求智慧，因为灵魂的健康没有过早或过晚。认为学习哲学的时间还没到，或者说它已经过去了，就像在说幸福的时刻还没到，或者说幸福已经没有了一样。因此，无论是老人还是年轻人都应该追求智慧。前者是因为即使年龄越来越大，那些曾经发生过的事情也能使他因为好的事物而变得年轻。后者是为了能够在他年轻的同时变得老成，因为

他不会再害怕将要发生的事情。我们必须追求那些带来幸福的东西，因为如果拥有幸福，我们就拥有一切，而如果没有幸福，我们所有的活动就都是为了获得它。①

显然，在这封信中，伊壁鸠鲁鼓励读者进行哲学思考，从而获得幸福；实际上，这封信是伊壁鸠鲁主义的"劝勉"（protrepticus），②也就是说，他想鼓励年轻人学习哲学。而要实现这个目的，伊壁鸠鲁需要在一个当时正在进行的热烈辩论中明确自己的立场，这个辩论就是哲学在生命中的地位：是否应该学习哲学？如果需要，应该从什么时候开始？要持续多长时间？是只在年轻时作为一种"思想练习"，还是晚一点，或是在整个人生中都应当从事哲学？一些哲学家或智者（sophists）认为，只有在年轻时因为要给为人生做准备才应当学习哲学，比如柏拉图《高尔吉亚》中的卡里克勒斯（Callicles）、修辞家伊索克拉底（Isocrates），都持这种观点。③他们深信，只有这样，学习哲学的人才不会难以融入公共生活，才不会浪费时间。卡里克勒斯认为，苏格拉底的经历就证明了这一点，因为显然，苏格拉底并不适合在法庭上为自己辩

---

① 伊壁鸠鲁：《致梅瑞凯的信》121 f.。
② 参见 J. E. Hessler, *Epikur: Brief an Menoikeus*, Basel 2014, pp. 31-33。
③ 参见柏拉图：《高尔吉亚》484c；伊索克拉底：《财产交换》（*Antidosis*）261-268，《泛雅典娜节演讲》（*Panathenaicus*）,28。

护,甚至不知道去市场的路。① 另一些人则认为,最好是在成年之后学习哲学,先要学习体育、数学和其他学科。② 而伊壁鸠鲁在给梅瑙凯的信里主张,在年轻时、成年后,以及整个一生都要从事哲学,因为每个人都希望一生的任何时候都幸福。

在这个背景下,拉斐尔画中柱子周围的那群人就有了更鲜明的特点:他描绘的是伊壁鸠鲁的主张,即对每个人来说,哲学在任何年龄阶段都有益。以伊壁鸠鲁给梅瑙凯的信为背景,这一点就变得更为清晰:那群人代表的是伊壁鸠鲁主义者,而中间那位肥胖光亮,保持着良好状态,③ 戴着常春藤花环,用手指着面前书本的中年人,就是伊壁鸠鲁。我们从西多尼乌斯·阿波利纳里斯(Sidonius Apollinaris, 约公元 430—489 年)那里也能得到一些有趣的信息。他是 5 世纪高卢重要的作家、诗人,同时也是外交官和主教。他写了大量书信,在拉斐尔的时代人们能够读到这些信。从这些信中我们知道,伊壁鸠鲁在古代的确被描绘成这样。在其中一封信中,西多尼乌斯说道:

> 想到战神山(Areopagus)体育场和古希腊市政厅的那些画,你不会因嫉妒而发怒。在这些画中,斯彪西波(Speusippus)

---

① 参见柏拉图:《泰阿泰德》173c-d。
② 参见柏拉图:《理想国》485b ff.,497e-498c。
③ 参见贺拉斯:《书信》1.4.15。

向前低着头，阿拉图斯（Aratus）向后仰着头，芝诺（Zeno）皱着眉，伊壁鸠鲁皮肤光滑，第欧根尼蓄着长须，苏格拉底长着长发，亚里士多德张开手臂。①

"伊壁鸠鲁皮肤光滑"，这让我们想起贺拉斯（Horace）对伊壁鸠鲁的著名描述：他肥胖而光亮，保持着良好的状态。②西多尼乌斯谈论的是他见过的一幅画，如今我们很难证明拉斐尔参考了那些画，但是他很有可能读过西多尼乌斯的信，毕竟在拉斐尔的时代，这些信已经出版了。③因此，我们可以非常合理地认为，站在柱子周围的人是伊壁鸠鲁主义者，拉斐尔想让伊壁鸠鲁在他的画作中占有一席之地。

二、伊壁鸠鲁的学说

（一）消极方面

如果上述的辨认成立，如果我们可以在的《雅典学园》中

---

① 西多尼乌斯·阿波利纳里斯：《书信》9.9.14: *neque te satis hoc aemulari, quod per gymnasia pingantur Areopagitica vel prytanea curva cervice Speusippus Aratus panda, Zenon fronte contracta Epicurus cute distenta, Diogenes barba comante Socrates coma cadente, Aristoteles brachio exerto*。

② 参见贺拉斯：《书信》1.4.15。

③ 参见 Erler, "Epikur in Raphaels ‚Schule von Athen'?," p. 290。

找出伊壁鸠鲁,那么就会出现另一个问题:作为一位著名的哲学家,伊壁鸠鲁为什么会出现在教皇房间的壁画上?毕竟,伊壁鸠鲁的主要学说大多与基督教信仰矛盾。① 比如其中最著名的一些信条:快乐是所有人追求的目标;② 最大的快乐是没有痛苦(即所谓的"静态快乐"[katastêmatikê hêdonê]),虽然一旦痛苦被解除这种快乐就无法增加,但它依然可以得到装点,并因此被称为"动态快乐"(kinêtikê hêdonê, varietas);世界由原子和虚空构成,而不是由神创造;此外,伊壁鸠鲁相信神存在,但是并不关心人类;灵魂是有朽的;所有对良好生活来说必要的好都很容易获得;最好避免参与政治。③ 人们可能会疑惑,拉斐尔为什么让基督徒甚至是教皇来面对这样一位哲学家?④ 他的学说

---

① 参见 Erler, "Epicureanism in the Roman Empire," pp. 46-64, 尤其是 p. 60 ff.; Erler, "Epikureismus in der Kaiserzeit," in Ch. Riedweg, Ch. Horn, D. Wyrwa eds., *Grundriss der Geschichte der Philosophie. Begründet von Friedrich Ueberweg. Völlig neu bearbeitete Ausgabe. Die Philosophie der Antike, 5: Philosophie der Kaiserzeit und der Spätantike*, Basel, 2018, pp. 197-211。

② 参见奥古斯丁:《论信仰的作用》(*De utilitate credendi*) 10。

③ 关于伊壁鸠鲁主义认识论、物理学和伦理学的证言合集,参见 A. A. Long and D. Sedley, *The Hellenistic Philosophers*, vol. 2, Cambridge, 1987; L. Gerson and B. Inwood, *Epicurus Reader: Selected Writings and Testimonia*, Indianapolis, 1994; M. Erler and M. Schofield, "Epicurean Ethics," in K. Algra et. al. eds., *The Cambridge History of Hellenistic Philosophy*, Cambridge, 1999, pp. 642-674; J. Warren ed., *The Cambridge Companion to Epicureanism*, Cambridge, 2009; M. Erler, "Epicurus," in M. Gagarin ed., *The Oxford Encyclopedia of Ancient Greece and Rome*, vol. 3, Oxford, 2010, pp. 84-91。

④ 参见奥古斯丁:《布道集》348.3。

不可能被基督徒接受，而且对一些基督教父来说，这位哲学家就是纵欲主义的代表（*homo carnalis*）。因为显然，基督徒相信上帝的神意，相信世界由造物主创造，灵魂不朽，德性非常重要，相信获得真正的幸福并不是不惜一切代价地追求快乐。

（二）积极方面

如果我们想到，即使在柏拉图主义者和基督徒的世界里，伊壁鸠鲁主义的某些方面也被接受了，那么拉斐尔让伊壁鸠鲁在梵蒂冈占有一席之地就变得更好理解了。虽说柏拉图主义者和基督徒与伊壁鸠鲁学派存在根本的分歧，但他们都承认伊壁鸠鲁哲学体系的内在连贯性。确切地说，伊壁鸠鲁为良好而幸福的生活提供的实践指导，使伊壁鸠鲁主义者和他们的学说不仅在伊壁鸠鲁的时代很有吸引力，而且在后来的罗马帝国和基督教时期也是如此。[①]

伊壁鸠鲁主义的实践伦理学得到不同的哲学和宗教阵营重视，比如柏拉图主义和基督教。伊壁鸠鲁本人的生活也被当作一个现实的例子，证明根据他的学说能够过良好的生活，能够获得幸福、心灵的平静和快乐。虽说伊壁鸠鲁唯物主义的物理学和神

[①] 参见 W. Schmid, "Epikur," in *Reallexikon für Antike und Christentum*, vol. V, Stuttgart, 1962, pp. 681-819, 重印于 W. Schmid, *Ausgewählte philologische Schriften*, eds. H. Erbse and J. Kueppers, Berlin, 1984, pp.151-266; Erler, "Epicureanism in the Roman Empire," pp. 60-64。

学都遭到严厉的拒斥,但是他的实践伦理学,他提供的一系列伴随着理性原则的生活技艺,却得到了人们的欣赏。但显然,一个被分成两半(*dimidiatus*)的伊壁鸠鲁,即只剩下实践伦理学的伊壁鸠鲁主义,为人们在实践中管理生活、获取知识提供了帮助,而这一点在柏拉图主义和基督教盛行的时代,对保存伊壁鸠鲁的学说发挥了重要作用。① 事实上,伊壁鸠鲁的实践伦理学所发挥的作用,有时被低估了,偶尔也没有被柏拉图和基督教的教育体系承认。伊壁鸠鲁的实践伦理学,更确切地说是其中的某些部分,被一些柏拉图主义者和基督徒接受,用来为获得真正哲学家所需要的品格做准备,虽然他们两者都在寻求超越的真理。也就是说,伊壁鸠鲁主义被当作某种"哲学的准备"(*praeparatio philosophica*)。即使在中世纪,伊壁鸠鲁主义也依然重要。不可否认,撰写了《神曲》的伟大诗人但丁确实将伊壁鸠鲁主义者打入了第十层地狱。但是在《飨宴》(*Il Convivio*)的第二卷,② 他允许伊壁鸠鲁主义者、漫步学派和斯多亚学派,一同为通往真理的道路作准备,虽然他并不认为伊壁鸠鲁最终会成功抵达真理。

---

① 参见 A. A. Long, "Pleasure and Social Utility: The Virtues of Being Epicurean," in *Aspects de la Philosophie Hellénistique*, Vandoeuvre-Genéve, 1986, pp. 283-324, 尤其是 pp. 300-316; P. Mitsis, "Epicurus' Ethical Theory: The Pleasures of Invulnerability," Ithaca, 1988。关于伊壁鸠鲁主义的实践伦理学,参见 M. Erler, "Epikur oder die Kunst, in Gemeinschaft zu leben," in G. Ernst ed., *Philosophie als Lebenskunst. Antike Vorbilder, moderne Perspektiven*, Berlin, 2016, pp. 66-87。

② 参见但丁:《飨宴》III.14, 15。

但有趣的是，但丁接受了伊壁鸠鲁主义作为通往真理的一条道路，并接受了伊壁鸠鲁实践伦理学的一部分。鉴于伊壁鸠鲁主义实践伦理学如此深远的影响，接下来，我会展开讨论其中的一些方面，它可以被称为"治疗的哲学"，因为伊壁鸠鲁主义的实践伦理学提供了使人们免受恐惧和痛苦的治疗。

我的主要论点是，伊壁鸠鲁主义的实践伦理学在古代有着重要作用，甚至在今天也很有意义。将它作为对之前哲学家（尤其是柏拉图）的回应，我们能够更好地理解它。如果考察伊壁鸠鲁主义，我们可以说在很多方面伊壁鸠鲁的立场与柏拉图所说的正好相反。但是，伊壁鸠鲁主义的理论展开方向，似乎总是着眼于柏拉图的立场。我认为，这一点在伊壁鸠鲁的实践伦理学中尤为明显。因此，了解伊壁鸠鲁主义者如何将来自柏拉图辩证法和神学的一些学说和概念，转化并融入到他们自己的学说中，非常有意义。

三、伊壁鸠鲁的"治疗哲学"

现在我们来讨论伊壁鸠鲁主义的实践伦理学。我们要问的是，它的目的是什么？为什么伊壁鸠鲁主义能够被称为"治疗的哲学"？① 首先我们知道，与柏拉图和其他很多哲学家一样，伊壁鸠鲁也认为我们所有行动的目的都是好生活，即幸福（*eudaimonia*）。② 具体来说，伊壁鸠鲁认为，我们所有行动的目的都是快乐，因为快乐是良好生活不可或缺的部分，是所有人都追求的好。为了证明这一点，伊壁鸠鲁提到了任何人都能从自己或他人那里观察到的事实：所有人依据自然都追求快乐。在伊壁鸠鲁看来，快乐是最高的好，这一点不证自明。③ 一些伊壁鸠鲁的追随者尝试为这种观点辩护，提出了所谓的"摇篮论证"（cradle argument）。④ 根据"摇篮论证"，所有的生命一出生就因快乐而满足，因痛苦而烦恼。⑤ 也就是说，伊壁鸠鲁和他的继承者们诉诸每个人从婴儿时期开始的经历，诉诸人的自然／本性，来论证人们将快乐作为好来追求，将痛苦作为坏来规避。伊壁鸠鲁所说的快乐（*hedone*），指的是身体没有痛苦（*aponia*）和灵魂没有烦扰

---

① 参见 M. Gigante, "'Philosophia medicans' in Filodemo," in *Cronache Ercolanesi*, vol. 5 (1975), pp. 53-61。

② 参见伊壁鸠鲁：《致梅瑞凯的信》135。

③ 参见 Erler and Schofield, "Epicurean Ethics," pp. 642-674；西塞罗：《论道德目的》（*De Finibus*）2.31-32。

④ 参见 J. Brunschwig, "The Cradle Argument in Epicureanism and Stoicism," in M. Schofield and G. Striker eds., *The Norms of Nature: Studies in Hellenistic Ethics*, Cambridge, 1986, pp. 113-144, 尤其是 pp. 126-128。

⑤ 西塞罗：《论道德目的》1.30 ff.。

(*ataraxia*)。① 快乐等同于身体和灵魂没有痛苦，这个基本假设在伊壁鸠鲁的文本中多次出现。比如，在给梅瑙凯的信中：

> 对这些事情有明晰和确切理解的人，会将他的喜好和厌恶指向身体的健康与灵魂的平静，认为这是至福生活的目的。因为我们所有行动的目的都是没有痛苦和恐惧，当我们获得这些时，所有灵魂的烦扰就消失了……当我们因没有快乐而痛苦时，也只有在那时，才会需要快乐。②

事实上，将快乐等同于没有痛苦让伊壁鸠鲁遭到了很多批评。③不得不承认，伊壁鸠鲁把快乐作为最高的好（*summum bonum*），并且仅仅作为对一种感觉的否定，在哲学论证上是有问题的。如果快乐和痛苦对立，那么二者必然相互排斥，那就必然存在中立状态。但如果将这种中立状态当作最高的快乐，就会产生一个问题。对伊壁鸠鲁来说，我们的每个感知活动（perception）要么伴随快乐，要么伴随痛苦。而如果一个人既不感到痛苦又不感到快乐，这就意味着他根本没有任何感觉（sensation）。另一方面，

---

① 参见 M. Erler, "Hedone in the Poets and Epicurus," in R.A.H. King ed., *The Good Life and Conceptions of Life in Early China and Graeco-Roman Antiquity*, Berlin, 2015, pp. 303-318。

② 参见伊壁鸠鲁：《致梅瑙凯的信》128。

③ 关于伊壁鸠鲁与居勒尼学派（Cyrenaics）快乐概念的比较，见第欧根尼·拉尔修：《名哲言行录》2.87。

的确有迹象表明，伊壁鸠鲁将快乐与没有痛苦等同，这是一种不属于哲学的传统。① 在《理想国》的第九卷，② 苏格拉底试图说明正义者的幸福在多大程度上超过了不义者的幸福。在其中一个论证中，苏格拉底提到了他从"智慧者"那里听到的观点，这种观点认为智慧者的快乐才是真正的、纯粹的快乐。在讨论这一观点时，苏格拉底指出，很多人认为平静和没有痛苦等同于快乐，但这一观点是错误的。就目前的讨论而言，反对将快乐等同于没有痛苦的论证，并不比有人认为没有痛苦应当等同于快乐这一事实更有趣。苏格拉底认为后一种观点相当普遍，而它以一种令人惊讶的方式让我们联想起伊壁鸠鲁的立场。在《理想国》和《斐莱布》中，③ 苏格拉底再次提到了将快乐等同于没有痛苦的观点，虽说他自己认为这种观点是错误的，但他明确指出这是一种很普遍的立场，并且对于人们的感觉很有说服力。虽然苏格拉底认为这里谈论的不是快乐，但他并不否认的确存在一种感觉（feeling），他将这种感觉称为愉悦（joy）。值得注意的是，虽说苏格拉底和伊壁鸠鲁对此的评价截然相反，但二者所提到的观点以及对此的论

---

① 参见 Erler, "Hedone in the Poets and Epicurus," p. 310。
② 参见柏拉图:《理想国》583b, 585a; M. Erler, "Argument and Context: Adaption and Recasting of Positions in Plato's Dialogues," in D. Nails and H. Tarrant eds,, *Second Sailing: Alternative Perspectives on Plato*, Helsinki, 2015, pp. 91-105, 尤其是 pp. 92-95。
③ 参见柏拉图:《理想国》584a,《斐莱布》43d, 44a; D. Frede, *Philebos. Übersetzung und Kommentar*, Göttingen, 1997, p. 265 ff.。

证方式都极为相似。因此问题在于，当柏拉图笔下的苏格拉底提到这种流行观点时，他心中所想的到底是什么样的观点？如今可以确定的是，我们在诗歌中找到了一些线索。因为在史诗、抒情诗和戏剧等文学形式中，也有快乐主义的立场，或者至少是可以被理解为快乐主义的立场。比如，《奥德赛》中描述的费阿西亚人（Phaeacians）的生活方式，不仅被罗马诗人贺拉斯，也被伊壁鸠鲁主义者菲洛德穆斯（Philodemus）认为是以快乐为导向的例子。① 我们也应该考虑戏剧，因为在戏剧中，我们找到了多兹（Dodds）所说的那种流行的、宗教性的快乐主义。② 公元前404年，欧里庇得斯（Euripides）在他的戏剧《酒神的伴侣》（*Bacchantes*）中，描述了酒神狄奥尼索斯（Dionysus）不得不应对不信神的彭透斯（Pentheus）。在这个过程中，狄奥尼索斯就宣扬一种快乐主义的世界观，其中包含及时行乐（*carpe diem*）的态度。③ 值得注意的是，这部作品经常提到快乐在多数情况下被理解为没有痛苦，这符合流行的快乐主义。欧里庇得斯的狄奥尼索斯绝不是持这种态度的唯一例子。在欧里庇得斯的另一新作品《赫库巴》

---

① 参见贺拉斯：《书信》1.2.27-31；关于伊壁鸠鲁主义者和费阿西亚人，参见伊壁鸠鲁：残篇 229 Usener；关于费阿西亚人在菲洛德穆斯的作品中的角色，参见菲洛德穆斯：《论荷马中的好国王》（*De bono rege secundum Homerum*）残篇 19 Dorandi。

② 参见 E. R. Dodds, *Euripides Bacchae*, Oxford, 1944, p. 122。

③ 参见欧里庇得斯：《酒神的伴侣》424-426。

(*Hecuba*)中,这一点更为明显。《赫库巴》比《酒神的伴侣》大约早二十年。在这部作品中,赫库巴定下了一个普通的人生目标:"每天都拥有最纯粹的幸福,日夜都不会遇到灾祸。"① "不会遇到灾祸"(*mê lupoumenoi*)这样的表述让人想起柏拉图对话中苏格拉底的对话者持有的立场;考虑到这里说的每日的生活,我们不禁想起伊壁鸠鲁主张的及时行乐。在欧里庇得斯的《赫拉克勒斯》(*Heracles*)中,②我们也能找到关于人们应当把握当下、尽量避免痛苦的描述,因为幸福和快乐存在于没有痛苦之中。

所有这些似乎都表明,在流行的观念中,快乐和幸福与避免日常生活中的痛苦密切相关。这似乎是通俗道德的一部分,普遍流行,并且在哲学论著中也被当作如此。诉诸流行观点本就是伊壁鸠鲁哲学的重要特征,因此,伊壁鸠鲁关于快乐的描述诉诸流行观点,在他的哲学中不构成任何问题。伊壁鸠鲁另一个饱受批评的主张——灵魂有朽,在当时也普遍流行,一些墓碑的铭文证实了这一点。苏格拉底认为灵魂不朽,并在《理想国》中指出,这种观点对大众来说非常奇怪。伊壁鸠鲁的神学认为,神不关心人,这种观点也借鉴了当时的大众倾向,这种倾向在公元前5世纪的戏剧中可以找到。③所有这些都表明,伊壁鸠鲁学说的重要

---

① 参见欧里庇得斯:《赫库巴》627 f.。
② 参见欧里庇得斯:《赫拉克勒斯》503-505。
③ 参见柏拉图:《理想国》608d。

组成部分，都诉诸了当时的流行观点；同时也证明，伊壁鸠鲁并不只是简单地采用那些观点，而是将它们改造并极端化。很多人哀叹人与神的距离过于遥远，而伊壁鸠鲁却将这转换为一种积极的世界观。① 死亡会终结一切，许多人对此抱有恐惧，而他却将这转化为对痛苦的治疗，与他认为快乐就是没有痛苦有同样的效力。有一些从流行观念而来的观点从纯粹逻辑的角度看是有问题的，却被伊壁鸠鲁的认识论前提接受下来，并成为伊壁鸠鲁推崇的生活方式的基石。就像他在给梅瑙凯的信结尾说的，他深信，不管是谁只要遵从他的建议，就会实现身体没有痛苦和灵魂没有烦扰。总之，他们会获得幸福。② 幸福唾手可得！这是伊壁鸠鲁传达的信息，对大多数人来说，这听起来可能有些奇怪，那是因为我们对"幸福"有不同的理解。但我们要记住，古希腊的幸福（eudaimonia）概念与现代人理解的幸福（happiness）不同。现代的幸福概念通常被当作一种主观情绪，一种会受环境影响、每天都可能变化的感觉。而对古希腊人来说，eudaimonia 并不是一种情感状态，虽然它通常被翻译为"幸福"，但更好的翻译是诸如"人的繁盛"（human flourishing），它关乎个人是否获得

---

① 参见 M. Erler, "Autodidact and Student. On the Relationship of Authority and Autonomy in Epicurus and the Epicurean Tradition," in J. Fish and K.R. Sanders eds., *Epicurus and the Epicurean Tradition*, Cambridge, 2011, pp. 9-28.

② 参见伊壁鸠鲁:《致梅瑙凯的信》135。

德性或卓越，是否真正地度过了自己的一生。希罗多德在他的《历史》中很好地阐释了这种理解。梭伦（Solon）在和克罗伊索斯（Croesus）在一次对话中，对人的幸福发表了重要看法：对每个人来说，人生充满变化，因此每个人的"幸福"只有在他死后，才能得到确切的评价。[①] 这种言论源自于将幸福理解为人生的实现，这也是为什么伊壁鸠鲁和柏拉图认为，他们能够提供指导，帮助人们过上良好而幸福的生活。只有当 *eudaimonia* 被理解为人生的实现，才能说一个人可以教他人获得幸福，就像伊壁鸠鲁做的那样。也就是说，伊壁鸠鲁不仅认为没有痛苦、幸福地生活是可能的，他还知道如何实现这个目标。伊壁鸠鲁认为，要获得幸福，就要摆脱所有可能扰乱我们灵魂平静的东西。也就是说，必须净化人的灵魂，就像公元前 1 世纪罗马的伊壁鸠鲁主义诗人卢克莱修在《物性论》（*De rerum natura*）中说的："除非灵魂得到了净化，否则纷扰和危险就会违背我们的意愿找到我们"；他还补充道："因此，那战胜了所有，并通过言语而非利剑将它们从灵魂中清除的人，难道不能被当作诸神的一员吗？"[②] 伊壁鸠鲁认为，他知道幸福是可以获得的，并且知道如何获得它。但是，虽然快乐是我们追求的目标，却并不是所有快乐都值得追

---

① 参见希罗多德：《历史》29-33。
② 参见卢克莱修：《物性论》5.43 ff.。

求。人们应当进行理性的考量，就像他在给梅瑙凯的信中说的：虽说所有幸福都是某种好东西，但并不是所有幸福都值得选择，① 因此就需要量度、计算和理性的考量。② 这也是为什么，有人认为伊壁鸠鲁推崇的生活方式是持续地宴饮与享乐是错误的。伊壁鸠鲁所推崇的，应当是由冷静的理性（*nêphon logismos*）提供的幸福生活，③ 对伊壁鸠鲁来说，自足（self-sufficiency）是治疗灵魂的药物。④ 生活在公元4世纪的柏拉图主义者波斐利（Porphyry）带着肯定的态度引用了伊壁鸠鲁主义的格言，认为它让人想起了毕达哥拉斯学派的学说：

> 如果一种哲学观点不能治疗人的疾病，那么它就是空洞的。如果药物不能祛除身体的疾病，那么它就是没用的；如果哲学不能祛除灵魂的疾病，那么它也是没用的。⑤

伊壁鸠鲁主义哲学追求的就是治疗人的灵魂。⑥ 罗马诗人贺拉斯

---

① 参见伊壁鸠鲁：《致梅瑙凯的信》129-130；Erler and Schofield, "Epicurean Ethics," p. 661 f.。

② 参见 R. Woolf, "Pleasure and Desire," in *The Cambridge Companion to Epicureansim*, pp. 158-178, 尤其是 pp. 165-167。

③ 参见伊壁鸠鲁：《致梅瑙凯的信》132。

④ 参见伊壁鸠鲁：《梵蒂冈箴言》（*Vatican Sayings*）77。

⑤ 伊壁鸠鲁：《残篇》221 Usener = 波斐利：《致马凯拉的信》（*To Marcella*）31。

⑥ 参见伊壁鸠鲁：《梵蒂冈箴言》54。

很好地阐释了伊壁鸠鲁主义者劝勉人们"好好进行哲学思考"的意义。在他的诗篇《通往布林迪西的旅途》(*Iter Brundisinum*)中，贺拉斯描述了他到格纳迪亚（Gnatia）城时的情形。① 在这座小城中，他遇到了一件让人愤怒的事情：那里的居民想说服他，让他相信有一种东西没有火就能融化并释放出味道。贺拉斯不想被激怒，于是他用伊壁鸠鲁主义的基本原则来提醒自己，并引用了卢克莱修《物性论》中的一句诗：一切都可以被理性解释，没有神干扰人间事务、创造奇迹，死亡并不可怕，自然提供了人类所有良好生活所需要的好，因此没有必要害怕这些。显然，这些都是伊壁鸠鲁的基本立场。

这则小故事阐释了伊壁鸠鲁哲学的运作方式：它像药物一样起作用，用于摆脱无知与恐惧，为灵魂提供快乐与平静（ataraxia）。这也是为什么伊壁鸠鲁主义的基本学说被称作药物（*pharmaka*），他的四个基本法则被称为"四重药剂"（*tetrapharmakos*）。伊壁鸠鲁主义告诉人们：不要害怕神，不要担心死亡，好是容易获得的，而恶是短暂的并因此容易忍受。哲学被当作安排生活的指导，哲学理论必须转化为哲学实践，哲学因此被理解为灵魂的治疗，其中重要的部分包括物理学、逻辑学和认识论。为了使哲学指导在任何时间、任何情况下都适用，就必须吸收并理解伊壁鸠鲁

---

① 参见贺拉斯：《讽刺诗集》(*Satires*) 1.5.97-104。

主义,将它转化为自己的一部分。可以说,哲学指导必须浸染(dyeing)在个体中,从而使人在任何困难的情况下都能够应用这些指导。柏拉图在贬低的意义上使用"浸染"这个词,将它当作机械的学习;与之相反,伊壁鸠鲁在积极的意义上使用这个比喻。① 因此,伊壁鸠鲁鼓励人们不断地进行重复训练,并且承诺,那些日夜思考这些准则的人永远不会被打扰,"而是会过上像人间的神一样的生活"。②

四、伊壁鸠鲁主义的自我神化: 以《蒂迈欧》为背景

"过上像人间的神一样的生活"是伊壁鸠鲁主义实践哲学或自我修养的结果:伊壁鸠鲁的这个承诺可能会令人惊讶,因为我们前面说过,伊壁鸠鲁的神离人很远,并且"变得与神相似"似

---

① 参见柏拉图:《理想国》430a-c; M. Erler, "Aspects of Orality in (the Text of) the Meditations," in M. van Ackeren ed., *A Companion to Marcus Aurelius*, Malden, 2012, pp. 346-361, 尤其是 p. 348; M. Erler, "Glück aus Tugend durch Übung ohne Philosophie? Platons Übungsbegriff zwischen Sophistik und hellenistischer Philosophie," in A. B. Renger and A. Stellmacher eds., *Übungswissen in Religion und Philosophie*, Berlin, 2018, pp. 21-33。

② 伊壁鸠鲁:《致梅瑙凯的信》135。

乎是柏拉图伦理学的目标。① 在柏拉图主义传统中，"与神相似"这一观念扮演着重要角色，这一点能从柏拉图的对话中看出，它还成为公元前1世纪以降的中期柏拉图主义者的重要准则。② 在《理想国》中，柏拉图笔下的苏格拉底回答了"应当如何生活"的问题，并提供了著名的建议：应当关注真正的自我，消除加诸其上的有朽之物。③ 从此之后，这成为柏拉图主义对人生目的（telos）的定义。对柏拉图和学园派来说，"与神相似"意味着人要尽可能地实现德性和智慧；亚里士多德和漫步学派强调生活的沉思方面；斯多亚学派则强调道德义务的实现和对德性的遵从。④

有趣的是，在怀疑论者塞克斯都·恩彼里柯（Sextus Empiricus）的《驳学问家》（*Adversus mathematicos*）中，有一段话很容易让人将柏拉图主义和伊壁鸠鲁主义关于"与神相似"的概念

---

① 参见 M. Erler, "Epicurus as deus mortalis. Homoiosis Theoi and Epicurean Self-cultivation," in D. Frede and A. Laks eds., *Traditions of Theology: Studies in Hellenistic Theology, its Background and Aftermath*, Boston, 2002, pp. 159-181；关于柏拉图和亚里士多德对此的讨论，参见 D. Sedley, "Becoming like God in the *Timaeus* and Aristotle," in L. Brisson and T. Calvo eds., *Interpreting the Timaeus-Critias*, Sankt Augustin, 1997, pp. 327-339。

② 参见柏拉图：《泰阿泰德》176b,《理想国》500c-501b, 613ab,《礼法》716cd,《蒂迈欧》90cd; H. Merki, *ΟΜΟΙΩΣΙΣ ΘΕΩΙ. Von der platonischen Angleichung an Gott zur Gottähnlichkeit bei Gregor von Nyssa*, Freiburg, 1952; J. Passmore, *The Perfectibility of Man*, London 1970; D. S. Du Toit, *Theios Anthropos*, Tübingen, 1997。

③ 参见柏拉图：《理想国》611b-d。

④ 参见西塞罗：《论神性》（*The Nature of Gods*）2.153; Zeno, *SVF* (*Stoicorum veterum fragmenta*), ed., J. van Arnim, vol. 1, 179 f., Stuttgart, 1964, p. 45 f.。

进行比较：

> 他们（伊壁鸠鲁主义者）认为，幸福（*eudaimonia*）是神圣的（*daimonia*），是神的本质，"幸福的"（*eudaimôn*）这个词因此被用来形容某个自己的神灵（*daimon*）关照（*eu*）的人。①

在这段话中，塞克斯都从字面意义上来理解古希腊 *eudaimonia* 的含义，并将它解释为"在好的神灵的指导下"生活。这就让我们想到柏拉图《蒂迈欧》中的一个著名段落，柏拉图谈到那个专心于发展他的理智，即发展灵魂不朽部分的人时，使用了 *eudaimonia* 的词源学意义：

> 因为他总是虔诚地看重灵魂的神圣部分，让他身上的神性保持良好状态，他必然获得至高无上的幸福。②

可见，柏拉图在词源学意义上理解"幸福"这个词：在《蒂迈欧》中，*eu-daimonia* 描述的是完美的、不朽的自我。而在塞克斯都的

---

① 塞克斯都·恩彼里柯：《驳学问家》9.43-47 = 23 F 3: Long and Sedley, *The Hellenistic Philosophers*, vol. 1, Cambridge, 1987。

② 柏拉图：《蒂迈欧》90c。

文本中，他预设了伊壁鸠鲁主义者采用这个词的词源学意义，用来描述人们追求的完美的、有朽的自我。而柏拉图似乎给了他们理由这样做，因为在《蒂迈欧》的同一段话中，柏拉图指出存在着另一种理解，虽然他拒绝这种理解，因为它是现实的或者次优的。柏拉图借蒂迈欧之口指出，有人会选择培养他们有朽的灵魂而非不朽的灵魂，他们一生所追求的欲望或竞争，都属于有朽的灵魂。柏拉图指出：

> 如果一个人专注于欲望和野心，并为此付出一切，那么他所有的思想就都是有朽的，就此而言他也必定是完全有朽的，因为他滋养的是他的有朽性。①

简单来说，这些人使有朽的灵魂成为他们真正的自我，并尽可能地完善它。《蒂迈欧》接下来的一句话也表明了这一点："他们试图使有朽的部分尽可能地完善，甚至尝试以这种方式，将我们之中更低劣的部分放置在正确的道路上。"②

上面提到的第二种理解方式，虽说不是柏拉图推崇的，却正好是伊壁鸠鲁主义的理解：据柏拉图所说，这些人关注他们灵

---

① 柏拉图：《蒂迈欧》90b；另参见 F. M. Cornford, *Plato's Cosmology*, London, 1937, p. 353。

② 参见柏拉图：《蒂迈欧》91d。

魂的有朽部分，并致力于尽可能地完善有朽的自我。那么塞克斯都显然是对的：伊壁鸠鲁主义者将柏拉图用来描述不朽自我的概念，转化为描述有朽的自我，即培养有朽的自我，从而变得与神相似（homoiôsis tôi theôi）。卢克莱修在《物性论》第五卷的开头证实了这一点，他将伊壁鸠鲁称为神（deus ille fuit, deus）。① 这听起来似乎像是柏拉图的概念，但其中的一个词让一切都变得不同：fuit 是 be 动词的过去式（第三人称单数）。因为显然，伊壁鸠鲁并没有成为柏拉图意义上的不朽的神，而是一个有朽的神，be 动词的过去式表达了这一点。通过这些词卢克莱修想要表达的是，伊壁鸠鲁已经成功地培养了自身，完善了有朽的自我。根据卢克莱修的文本我们还了解到，伊壁鸠鲁遵从自然，正确地理解自然，控制自己的情绪，用标准来衡量和限制自己，以纯粹的灵魂靠近神而不是胡乱地冠之以错误的观念，也就是说，伊壁鸠鲁通过实践治疗的哲学过上了与神相似的生活。② 事实上，伊壁鸠鲁的确被他的追随者们视为神。伊壁鸠鲁主义与柏拉图主义关于"神化"（deification）概念的相似与差异都是不可否认的，这一点也被后来的人所承认。比如，基督教神学家亚历山大里亚的克莱

---

① 卢克莱修：《物性论》5.8。
② 关于伊壁鸠鲁是有朽的神（deus mortalis），参见卢克莱修：《物性论》3.1042; 4.7 f.。当然，柏拉图对此有更多的讨论：因为灵魂不朽部分的存在，人便能够在有生之年成为与神相似的，参见《理想国》500b-d; Erler, "Epicurus as deus mortalis," p. 167 ff.。

门特（Clement of Alexandria）说，那些实践哲学和基督教信仰的人会"过着人间之神一样的生活（hos theos）"，他借用了伊壁鸠鲁给梅瑙凯的信中的话，只不过是将伊壁鸠鲁主义那里有朽的神，通过不朽的灵魂变成了真正神圣的人。① 克莱门特的这段话很有启发性。在这里和其他地方一样，仔细阅读伊壁鸠鲁主义的学说就会发现，柏拉图主义的一些观点被伊壁鸠鲁接受，尤其是在实践伦理学中。比如，伊壁鸠鲁将哲学描述为药物就不是一个全新的观念，柏拉图也曾将哲学描述为某种药物。柏拉图笔下的苏格拉底也曾将哲学作为治疗，② 在这个意义上，可以说苏格拉底是伊壁鸠鲁的先驱。

五、道德价值与自然中缺少价值

伊壁鸠鲁主义者主张倾听自然，③ 因为他们深信，观察和理解自然是伊壁鸠鲁主义的智慧者自我修养的一部分。这就产生了一个备受争议的问题：伊壁鸠鲁主义原子论的物理学如何与伊壁鸠鲁主义的伦理学相结合？难道说存在着某种关于快乐的原子论伦理学？实际上，不论是在伊壁鸠鲁本人还是伊壁鸠鲁主义者的

---

① 参见亚历山大里亚的克莱门特：《杂论》（*Strom.*）4.155.2-4。
② 参见柏拉图：《理想国》401c；《高尔吉亚》478aff。
③ 参见卢克莱修：《物性论》5, 9ff。

第一章 伊壁鸠鲁的智慧者：实践伦理学作为"治疗的哲学" 27

文本中，都找不到基于原子论来解释快乐主义的内容。相反，快乐和痛苦被描述为原子运动的偶性。伊壁鸠鲁没有基于原子论的快乐主义论证，因为根据伊壁鸠鲁主义者的描述，自然本身是没有规范的（non-normative），甚至是没有目的的。人们可能会疑惑，那要如何将有意义的生活建立在自然科学之上呢？有人甚至因此认为，在伊壁鸠鲁的体系中，存在两个相互矛盾的理论。①

对此我不会做太多讨论，但是我认为，在伊壁鸠鲁主义中不存在关于过程与价值的二分。根据伊壁鸠鲁主义者的描述，快乐和没有烦扰的回忆对幸福来说至关重要，我当然承认这一点。但同时，就烦扰或没有烦扰而言，瞬时的感官体验并不是必需的。相反，伊壁鸠鲁主义者能够从科学思考中得到快乐，因为对他们来说，幸福取决于正确与合理地理解自然过程。②这种解释是可行的，因为人是自然和自然过程的一部分。虽然自然和自然过程本身不存在价值，但由于它们受自然法则的约束，从而可以被理性地解释，因此为人类创造了价值。这种解释有助于过没有烦扰的幸福生活。也就是说，虽说自然本身没有价值，但这并不意味着不能依据对人和所追求的目的的理解使自然拥有价值。比如，虽然日落本身没有意义，但一些人可能会因为日落而感到快乐，

---

① 参见 A. A. Long, *Hellenistic Philosophy*, Bristol, 1974, p. 64。
② 参见第欧根尼·拉尔修：《名哲言行录》10.78；伊壁鸠鲁：《基本要道》（*Kyria Doxa*）12。

对他们来说日落就是有意义的。① 使人产生错误的观念,并因此感到恐惧和痛苦的,不是天体的运动本身,而是对造成天体运动原因的无知(ignoratio causarum)。只有正确认识事件发生的原因(vera ratio),才能让人免除迷信。② 合理地解释自然法则,就能免除灵魂的烦扰,从而获得幸福。从这点可以看出,伊壁鸠鲁主义的自然本身虽然不是主动的,但是能够为人类活动提供物质基础,人能在这个基础上完善有朽的自我。当然,可能有人会说,卢克莱修在《物性论》开篇的赞美诗中提到了女神维纳斯(Venus genetrix),并且在原子论的语境中使用了"创造"(creare)这个词。③ 但是,用希腊语中的"自然"(phusis)表达行动者(nomen agens)的用法在伊壁鸠鲁主义的文本中非常罕见。④ 也就是说,伊壁鸠鲁主义的自然并没有造物的能力。虽说伊壁鸠鲁主义以原子论解释自然,但自然赋予了人行动的可能,这就是著名的(对某些人来说可能是臭名昭著的)原子偏斜(atomic swerve)理论。虽说这个理论没有出现在伊壁鸠鲁本人的文本中,但卢克莱修对

---

① 参见西塞罗:《图斯库兰论辩集》(Tusculan Disputations) 3.41。
② 参见卢克莱修:《物性论》5.1211。
③ 参见卢克莱修:《物性论》1.629; 2.1117; 另参见 M. Erler, "Diogenes against Plato: Diogenes' Critique and the Tradition of Epicurean Antiplatonism," in R. Güremen et al., eds., *Diogenes of Oinoanda: Epicureanism and Philosophical Debates*, Leuven, 2017, pp. 51-65, 尤其是 p. 57 f.。
④ 参见 D. Clay, *Lucretius and Epicurus*, Ithaca, 1983, p. 88; D. Sedley, *Lucretius and the Transformation of Greek Wisdom*, Cambridge, 1998, p. 25 f.。

此有详细的讨论。① 无论在古代还是现代，这个理论都被广泛地讨论甚至嘲笑，同时它也被认为是第一次提出了关于自由意志的理论。伊壁鸠鲁主义的物理学认为，原子通常以直线形式向下运动，但这会使原子之间永远不会相遇，从而无法结合成新的原子结构。但经验告诉我们，的确存在复杂的原子结构。因此，原子之间必然会相遇，因而也就必然存在着类似偏斜的运动。卢克莱修认为，如果原子没有偏斜，就不存在自由意志。身体的运动显然并不一定遵循灵魂的决定和欲求，并且如果没有自由意志，赞赏和责备某个好的或坏的决定都会没有任何意义。② 甚至是伊壁鸠鲁主义的自我神化概念，都需要预设自由意志和原子偏斜。因此，虽说自然本身没有意义、没有价值，但它有助于人类创造价值。这就是为什么卢克莱修谈论自然的崇高（majesty）。③ 以上论述都证明了，在伊壁鸠鲁主义的物理学和伦理学之间，并不存在不融贯的二分。

---

① 参见卢克莱修：《物性论》2.251-259; T. O'Keefe "Action and responsibility," in *The Cambridge Companion to Epicureanism*, pp. 142-157, 尤其是 p.143 ff.。

② 参见卢克莱修：《物性论》2.261-283; Diogenes of Oinoanda, *The Epicurean Inscription*, ed., M. F. Smith, Napoli, 1992, 239 ff.; Diog. Oen. 残篇 4。

③ 参见卢克莱修：《物性论》5.1 f.。

六、友爱

伊壁鸠鲁主义哲学推崇自我修养和自我神化,①这一点由伊壁鸠鲁本人提出,他自己就实现了这个目标,因此应当被后人模仿。那么问题在于,对群体生活、友爱,②以及由伊壁鸠鲁主义者组成的共同体生活来说,这意味着什么?如果自我修养是最终的目标,难道这不会预设并推崇利己主义?而一种利己主义的态度,可能不会给同情、友爱,或是教导他人获得幸福的学说留下任何空间。难道自我修养不会阻碍人们实践社交技能,或是阻碍人们参与政治吗?有人可能会因此猜测,难怪伊壁鸠鲁主张"不引人注目地生活"(live unnoticed),主张避免卷入公共生活。在这个意义上,伊壁鸠鲁主义的学园,那个在雅典城外的花园,就成为了这种主张的象征。但另一方面,众所周知,友爱被伊壁鸠鲁主义者当作生活的基础。伊壁鸠鲁本人写给各地友人的信件就说明了这一点,这些信件的很多残篇都被保存下来。并且伊壁鸠鲁主义者认为友爱是获得幸福最重要的方式。伊壁鸠鲁说道:

---

① 参见 A. Németh, *Epicurus on the Self*, London, 2017, pp. 166-189。

② 参见 H. Essler, "Die Lust der Freundschaft und die Lust des Freundes von Epikur bis Cicero," in M. Erler and W. Rother eds., *Philosophie der Lust. Studien zum Hedonismus*, Basel, 2012, pp. 139-160; E. Brown, "Politics and Society," in *The Cambridge Companion to Epicureanism*, pp. 179-196; M. Erler, "Epikur oder die Kunst, in Gemeinschaft zu leben," in G. Ernst ed., *Philosophie als Lebenskunst. Antike Vorbilder, moderne Perspektiven*, Berlin, 2016, pp. 66-87, 尤其是 pp. 74-77。

> 在智慧为整个至福生活所做的准备中，最重要的是获得友爱。①

伊壁鸠鲁高度重视友爱的原因在于，友爱和共情（empathy）对提供安全感来说至关重要，是获得幸福和灵魂平静不可或缺的要素（condicio sine qua non）。②在他看来，友爱的意义不仅在于朋友愿意提供帮助，"在生病时，朋友会陪伴他，在遇到困难或是陷入贫穷时，朋友会给他帮助。"更重要的是，友爱能够带来安全感，让人相信在必要的时候会有朋友提供帮助。③知道朋友会陪伴自己，会与自己感同身受，就足以消除对未来的恐惧。提供帮助的可能性与对帮助的期待，使友爱对于获得灵魂的平静和幸福至关重要。④但是，这是否意味着友爱只是出于个人利益和利己主义的动机呢？在这方面，古罗马基督教作家拉克唐修（Lactantius）对伊壁鸠鲁主义的理解似乎是正确的，他认为对伊壁鸠鲁来说，除非是为了自己，否则不会有人爱另一个人（dixit Epicurus

---

① 伊壁鸠鲁：《基本要道》27。
② 参见伊壁鸠鲁：《基本要道》7, 13, 14；西塞罗：《论道德目的》1.66f.；关于这个问题，可参考 M. Schofield, "Social and Political Thought," in *The Cambridge History of Hellenistic Philosophy*, pp. 739-770, 尤其是 pp. 748-756。
③ 参见伊壁鸠鲁：《基本要道》9, 8；残篇 175 Usener；《梵蒂冈箴言》34。
④ 伊壁鸠鲁：《基本要道》28, 27；西塞罗：《论道德目的》1.68。

neminem esse qui alterum diligat nisi sua causa）。① 如果友爱是提供安全和灵魂平静的重要因素，那就需要考量如何获得友爱。而从亚里士多德那里我们知道，如果存在真正的友爱，就应当像对待自己那样对待朋友。就像亚里士多德在《尼各马可伦理学》中说的：

> 人们说，我们应当为了朋友自身（ekeinou heneka）而希望他过得好。②

同时，亚里士多德还认为，爱（to philein）一个人就意味着为了那个人自身，而不是为了自己，希望他获得好（或者说获得他所认为的好）。对亚里士多德来说：

> 朋友（philos）是既爱又被爱的，那些认为他们的关系有这种特征的人，就把彼此当作朋友。③

如果对伊壁鸠鲁主义者来说，朋友对于获得灵魂的平静和幸福是必要的，而又只有当一个人像爱自己一样爱另一个人，像对待自

---

① 参见拉克唐修：《神圣原理》（*The Divine Institutes*）3.17.42。
② 亚里士多德：《尼各马可伦理学》1155b31 f.。
③ 亚里士多德：《修辞学》1380b35-1381a2。

己一样对待另一个人时，才能获得友爱，那就出现了一个悖论：只有当一个人利他时，即只有当一个人将他者自身当作目的时，才能说把对方当作朋友，但同时也只有这样，才能实现伊壁鸠鲁主义的利己主义欲求，即对安全感的渴望。但是这个悖论并不是在伊壁鸠鲁主义者这里才出现的，有人认为，亚里士多德也强调了获得友爱的利他倾向。① 但这种观点在当时并不普遍，亚里士多德反对的主要目标可能就是柏拉图。柏拉图强调，追求德性和好是所有行动的终极目的，也是自我修养和自我神化的决定性要素，这就使他面临着利己主义的指控。在我看来，这些理论为伊壁鸠鲁的观点提供了背景，并解释了为什么伊壁鸠鲁推崇自我修养的同时，认为友爱本身有内在价值，就像亚里士多德理解的那样。② 伊壁鸠鲁甚至认为，为朋友而死或遭受痛苦是好的，③ 这似乎强调了友爱的利他方面，关于伊壁鸠鲁为什么持有这种观点，学界已经有了很多讨论。显然伊壁鸠鲁并不认为这里有任何矛盾。他不仅承认利他主义的友爱是功利主义的友爱的基础，是获得灵魂平静和幸福的工具；同时也承认用于获得友爱的利他主义，应当包含在他的功利主义概念中。即使，或者说因为，伊壁

---

① 参见 D. Konstan, "Altruism," in *Transactions and Proceedings of the American Philological Association*, vol. 130 (2000), pp. 1-17.

② 参见伊壁鸠鲁：《梵蒂冈箴言》23。

③ 参见第欧根尼·拉尔修：《名哲言行录》10.120。

鸠鲁主义强调自我神化的概念，在他那里个人利益与利他主义也是相辅相成的。为什么伊壁鸠鲁主义者愿意修养自身，同时也愿意生活在一个哲学共同体中；为什么虽然他们对政治持保留态度，却依然接受甚至是融入传统社会当中，要理解这些，就必须考虑到个人利益与利他主义的紧密联系。我会在接下来的几章中讨论这些主题。

第二章 伊壁鸠鲁的花园：宗教与哲学

一、伊壁鸠鲁主义社团

在第一章中，我们讨论了伊壁鸠鲁主义的实践伦理在其哲学中的重要性。接下来，我要讨论伊壁鸠鲁创建的哲学共同体，即他的"花园"。伊壁鸠鲁在这个花园里教学，在这个共同体中，他被当作英雄来崇拜。因为他完善了有朽的自我，被当作"有朽的神"（deus mortalis）。伊壁鸠鲁在他的花园中备受尊敬，西塞罗和塞涅卡的一些记载证实了这一点。同时，这些记载还证明了，在这个花园中，圣人会被当作道德典范模仿。[1]伊壁鸠鲁主义者接受了这个建议："做任何事情时，要像伊壁鸠鲁在看着你一样。"[2]伊壁鸠鲁在临终前的遗嘱中表示，希望在他死后，他在花园里发起的崇拜活动也要延续下去。其中一点就是每年一月庆祝伊壁鸠

---

[1] 参见塞涅卡：《书信》25.4-7；另参见 D. Clay, *Paradosis and Survival: Three Chapters in the History of Epicurean Philosophy*, Michigan, 2001, pp. 75-102。

[2] 参见伊壁鸠鲁：残篇 211 Usener。

鲁的生日。① 伊壁鸠鲁希望保护人们免受对神和死亡的恐惧，并希望教给他们明智的态度，帮助他们过上幸福的生活，他也因此被称为人类的拯救者。我们在上一章中强调过，伊壁鸠鲁这种自我完善的实践并没有否定友爱和对他人的关心，卢克莱修在《物性论》中称伊壁鸠鲁为有朽的神时也提示了这一点：

> 理性的生活技艺，现在被称为智慧，那第一个发现它的人，通过他的技艺，让**生活**脱离汹涌的波涛和无尽的黑暗。②

这段文字可以并且应该被当作伊壁鸠鲁的墓志铭（*elogium*），因为当我们把"生活"（*vita*）这个词理解为"他自己的生活"时，就意味着伊壁鸠鲁成功地成为了自己的拯救者。但同时，这个词也可以表达更一般的生活，而不是特指他自己的。在这个意义上，伊壁鸠鲁就拯救了其他人的生活，而不是自己的生活。我认为，"生活"这个词在这里的模糊性是刻意的，并且带有纲领性。③因为虽说伊壁鸠鲁主义的"治疗哲学"首先关注自己的生活，但同时也考虑了他人的需要。我们已经看到，伊壁鸠鲁主义的友爱

---

① 参见第欧根尼·拉尔修：《名哲言行录》10.18；另参见本书第一章。
② 卢克莱修：《物性论》5.9-12: *qui princeps vitae rationem invenit eam quae/ nunc appellatur sapientia, quisque per artem/ fluctibus et tantis vitam tantisque tenebris/ in tam tranquillo et tam clara luce locavit*.
③ 参见 M. Gale, *Myth and poetry in Lucretius*, Cambridge, 1994, p. 79。

并不只是从朋友那里获得安全感，同时还尊重他人的利益，甚至要求关心他人的福祉。公元 2 世纪第欧根尼的做法很好地解释了这一点。他在家乡利西亚（Lycia，现在的土耳其境内）的小镇奥伊诺安达，篆刻了大约 80 米长的纪念铭文，用于解释伊壁鸠鲁的教义。第欧根尼认为"一个好人，有责任最大限度地给予那些好人以仁爱（philanthrôpos）"。因为他深信，友爱包含着善待他人。这也是伊壁鸠鲁为什么会被称为拯救者。①

友爱的确是伊壁鸠鲁主义共同体的基础。公元前 307/306 年，伊壁鸠鲁来到雅典，在城外买了一座花园。②一些人将它称为学园，但是我们可能更应该像塞涅卡那样，称它为伊壁鸠鲁的社团（contubernium），③这个词的字面意思是"在同一个屋檐下"，也就是"共同的生活"。实际上，与柏拉图的学园或亚里士多德的漫步学派不同，我们并不知道伊壁鸠鲁的哲学共同体进行了多少科学或历史研究。围绕着伊壁鸠鲁组成的群体更像是一个"哲学家庭"，包括了他的兄弟、女性、小孩、奴隶，以及被伊壁鸠鲁称为朋友（philoi）的人们。很快，这个社团就被公众称为伊壁鸠鲁的"花园"，他的反对者们甚至认为，这里是那些只关心身体欲

---

① 参见奥伊诺安达的第欧根尼：残篇 2, III.1 Smith; 残篇 72 III.13 Smith; Diogenes of Oinoanda, *The Epicurean Inscription*, ed. M. F. Smith, Naples, 1993。

② 参见 Long and Sedley, *The Hellenistic Philosophers*, p. 4 中的地图。

③ 参见塞涅卡:《书信》6.6。

望的人的避难所。塞涅卡提到了花园入口的一段铭文：

> 陌生人，留在这里你会变得智慧，在这里快乐是最高的好。①

这段铭文可能是塞涅卡的杜撰，意在与柏拉图学园入口的铭文"不懂几何学者勿入"对比。实际上，伊壁鸠鲁的花园并不是一个"快乐之园"（hortus deliciarum），或是类似拉伯雷（Rabelais）笔下的特莱美修道院（Abbaye de Thélème），而更像是朋友们聚集的场所。他们聚在这里讨论哲学，通过哲学讨论、阅读、写作，通过完善他们有朽的自我，来获得灵魂的平静（ataraxia）。因此，他们总是心里想着有朽的神伊壁鸠鲁，以此来提醒他们，他们的确有机会实现所追求的理想状态。伊壁鸠鲁的追随者相信，要获得成功，就应该模仿他们的老师，学习他和他最重要的学生的作品，遵守他们定下的规则。要像伊壁鸠鲁和卢克莱修要求的那样，控制自己的情感，用量度和限度作为标准，以正确的方式接近神，要"依靠纯净的灵魂，而不是胡乱添加任何错误的

---

① 塞涅卡：《书信》21.10（《致卢希留斯的信》[Letters to Lucilius]）: hospes hic bene manebis, hic summum bonum voluptas est。另参见 D. Clay, "The Athenian Garden," *The Cambridge Companion to Epicureanism*, pp. 9-28。

观念"。① 在接下来，我会主要关注卢克莱修提出的第二条建议：净化自己的灵魂，控制自己的情感，比如由死亡带来的悲伤。② 我会重点讨论"悲伤"这种情感，因为它能够告诉我们伊壁鸠鲁主义对死亡的看法，以及伊壁鸠鲁主义者一般来讲如何处理情感的问题。此外，它还解释了为什么一种特殊类型的文体——纪念文学——会在伊壁鸠鲁主义者的共同体生活中占有重要地位。我认为，在讨论伊壁鸠鲁主义控制情感的方法时，要想到柏拉图的对话《斐多》。这样伊壁鸠鲁主义实践哲学的一些内容就会变得更加清晰。③

二、文本与伊壁鸠鲁主义共同体

我们先来讨论一些文本。就像拉斐尔在画中描绘的，伊壁鸠鲁主义者在他们的共同体中，通过口头交流、阅读、写作等方式

---

① 参见卢克莱修：《物性论》5.43-54；伊壁鸠鲁：《致梅瑙凯的信》124。
② 参见 Erler, "Epicurus as deus mortalis," pp. 169-175。
③ 参见 M. Erler, "Literarische Begegnungen mit dem Tod in der Philosophie der griechischen Antike," in K.H. Pohl and G. Wöhrle eds, *Form und Gehalt in Texten der griechischen und chinesischen Philosophie*, Stuttgart, 2011, pp. 171-184; M. Erler, "Tod als Teil des Lebens. Zur meditatio mortis bei Platon und den Epikureern," in F. F. Günther and W. Riedel eds., *Der Tod und die Künste*, Würzburg, 2016, pp. 1-16。

实践哲学。伊壁鸠鲁撰写了一些学术论著，比如《论自然》，①同时，为了让他的追随者更好地记住那些基本学说，他还撰写了不同类型的文本，比如信件、箴言等。②在《致梅瑙凯的信》中，伊壁鸠鲁建议"你和与你相似的人，要日夜思索这些准则以及相似的准则"。③著名的《致希罗多德的信》(Letter to Herodotus)是伊壁鸠鲁物理学的纲要，而《致梅瑙凯的信》有劝勉的性质，鼓励人们践行哲学，这些都被完好地保存下来。伊壁鸠鲁在《致希罗多德的信》中说：

> 在记忆中保留足够的主要学说，从而在任何场合都能够在最重要的事情上帮助自己。④

帮助读者在生活遇到困难时进行自助，这是伊壁鸠鲁主义治疗哲学的目的，同时也是阅读伊壁鸠鲁文本的目的，⑤因为阅读这些文本能够消除痛苦和恐惧。伊壁鸠鲁的作品被当作药物，更确切

---

① 参见 M. Erler, "Epikur – Die Schule Epikurs – Lukrez," in H. Flashar ed., *Grundriss der Geschichte der Philosophie. Die Philosophie der Antike, 4. Die hellenistische Philosophie*, Basel, 1994, p. 48ff.《论自然》第二卷的最新版参见 G. Leone, *Epicuro: Sulla natura libro II*, Napoli, 2012.

② 参见 Clay, "The Athenian Garden," pp. 18-22.

③ 伊壁鸠鲁：《致梅瑙凯的信》135。

④ 伊壁鸠鲁：《致希罗多德的信》35。

⑤ 参见西塞罗：《论道德目的》2.20。

地说被当作处方，以规定的剂量使用。正是这个原因，那些信件在伊壁鸠鲁的教学中发挥着重要作用。因为，这些信能够让伊壁鸠鲁关注对方的具体问题，从而提供适合对方处境的哲学解决方式。这些信就像是伊壁鸠鲁的手谕，① 在他的朋友之间传播，同时也被大量出版，因为现在我们找到了一些书信集的残篇。显然，伊壁鸠鲁希望这些信被收件人，同时也被伊壁鸠鲁主义共同体的其他成员阅读。② 事实上，这些信有助于那些生活在雅典城外的伊壁鸠鲁主义者构建他们的共同体。

三、纪念文学

信件和其他作品都是伊壁鸠鲁教学的一部分。这种教学方法还包括效仿伊壁鸠鲁主义的英雄人物，即效仿伊壁鸠鲁本人以及最著名的一些门徒或领袖（*kathêgemones*），比如美特罗多鲁斯（Metrodorus）、赫尔马库斯（Hermarchus）、波利阿努斯（Polyaenus），他们都被认为是以最完善的方式实现了有朽自我的人。仿效伊壁鸠鲁主义的生活与死亡，被当作获得灵魂平静和幸

---

① 参见 Clay, "The Athenian Garden," pp. 18-20; G. Arrighetti, "Forme della communicazione in Epicuro," in M. Erler and J.E. Heßler eds., *Argument und Literarische Form in antiker Philosophie*, Berlin/Boston, 2013, pp. 315-337, 尤其是 pp. 317-322。

② 参见伊壁鸠鲁：残篇 59 Arrighetti。

福的重要方式,因此纪念伊壁鸠鲁本人以及伊壁鸠鲁主义"家庭"中其他成员的生与死,就成了共同体生活的一部分。因此,纪念文学在伊壁鸠鲁主义中扮演着重要角色。① 在保存下来的一些残篇中,那些纪念个人生活、遭遇、死亡的文字,不仅有关于伊壁鸠鲁的,还有关于共同体其他重要成员的。伊壁鸠鲁自己撰写了纪念兄长生活和死亡的文字;其他伊壁鸠鲁主义者写的纪念文字的残篇也有一些保留下来。我们发现,这些纪念作品更多的是展示他们的生活,最重要的是展示他们的遭遇和死亡,而不是单纯对死者的"评价"。普鲁塔克(Plutarch)是生活在公元1世纪到2世纪的柏拉图主义者,同时也是一位多产的作家,虽然他强烈反对伊壁鸠鲁主义,但他似乎很赞同这种做法。② 在阅读这些文本时,人们感受到的是回忆而非悲恸(*anti goou mnêmê*)。③ 在纪念某个著名的伊壁鸠鲁主义者时,这些文本很有可能被诵读给共同体的成员听。它们属于"安慰文学"(consolatory literature)(甚至是传记)的传统。④ 伊壁鸠鲁主义的纪念作品哀悼死去的伊壁

---

① 参见 Erler, "Literarische Begegnungen mit dem Tod in der Philosophie der griechischen Antike"。

② 参见普鲁塔克:《根据伊壁鸠鲁的原则快乐的生活是不可能的》(*Non posse suaviter vivi secundum Epicurum*)1103a。

③ 参见 Clay, *Paradosis and Survival*, p. 64。

④ 参见 R. Kassel, *Untersuchungen zur griechischen und römischen Konsolationsliteratur*, München, 1958。

鸠鲁主义英雄，同时也会提醒读者，当这些伊壁鸠鲁主义英雄和他们的哲学受到挑战时，当他们面对死亡时，他们如何应对。因此，伊壁鸠鲁主义的纪念作品促使读者效仿作品中提到的伊壁鸠鲁主义典范。伊壁鸠鲁主义者相信，让读者看到伊壁鸠鲁主义者的痛苦和死亡，能够成为一种教学方式。可见，伊壁鸠鲁将传统的纪念文学转化为一种哲学教育方式，在接下来的内容中，我会具体讨论这种转变，并着重关注情感在其中所起的作用。

四、"勿忘人终有一死"

（一）伯斯科雷亚莱（*Boscoreale*）的杯子

"年轻人与老年人应该用相同的方式面对死亡。"[①] 这是塞涅卡在一封信中所说的，听起来很像伊壁鸠鲁主义。塞涅卡的这句话是在回应一种说法，这种说法认为直面死亡是很恐怖的。我敢肯定，现在的很多人也会有这种想法，因为我们会说，让人一次又一次地面对朋友的痛苦和死亡，实际上会让人感到压抑，而不是帮助他更好地生活。我们宁愿不去想死亡这个概念，因为在我们看来，死亡对我们来说很陌生，不是我们生活的一部分。虽说

---

① 塞涅卡：《书信》12.6。

不同文化背景下的人都会哀悼死者，①但我们也都拒绝每天提醒自己生命有限。显然，和古希腊罗马的普通大众一样，伊壁鸠鲁主义者的观点与此相反。"勿忘人终有一死"（memento mori）这种建议非常普遍，②尤其在伊壁鸠鲁主义中得到了实践。

关于这个主题，在伯斯科雷亚莱找到的一个杯子提供了很好的例子。伯斯科雷亚莱是意大利的一个小城，靠近庞培。③这个杯子上画了两个骷髅人（见下图），分别代表着两位哲学家：伊壁鸠鲁和芝诺，他们似乎正在进行一场对话。我们看到，左边是斯多亚学派的芝诺，他僵硬地站着，左手拿着手杖，脖子上挂着钱袋，右手伸直指向对面。带着愤慨和轻蔑，他用食指指着伊壁鸠鲁。而站在对面的伊壁鸠鲁却并不理会，而是伸手拿起放在一张小圆桌上的大蛋糕。伊壁鸠鲁旁边是一只饥饿的猪，它的鼻子和左前腿都向上伸着，似乎是想要一份蛋糕。在蛋糕上方刻着一行字：生活的目的就是快乐（to telos hêdonê）。

---

① 参见 J. Assmann and R. Trauzettel eds., *Tod, Jenseits und Identität Perspektiven einer kulturwissenschaftlichen Thanataologie*, Freiburg/München, 2002。

② 参见 M. Bates, "Die Todesproblematik in der antiken Philosophie," in M. Baltes, ΔIANOHMATA. *Kleine Schriften zu Platon und zum Platonismus*, eds. by A. Hüffmeier et al. Leipzig/Stuttgart, 1999, pp. 157-189；关于伊壁鸠鲁主义，参见 D. Clay, *Paradosis and Survival*, pp. 55-74。

③ 参见 K. Schefold, *Die Bildnisse der antiken Dichter, Redner und Denker*, Basel, 1997, p. 300 ff.；杯子的复制品可追溯至克劳狄安时代（Claudian），真品可追溯至大约公元前 250 年。照片来自网络：Panathenaios, A cup of the Boscoreale treasure, URL: http://panathinaeos.com/2016/01/17/a-cup-of-the-boscoreale-treasure/ (14.10.2018)。

第二章 伊壁鸠鲁的花园：宗教与哲学   45

在伯斯科雷亚莱发现的杯子

在这幅图中，伊壁鸠鲁和这只猪联系在一起，显然是在嘲笑伊壁鸠鲁主义将快乐作为生活的目的。这就使我们想起罗马诗人贺拉斯在给阿尔比乌斯·提布鲁斯（Albius Tibullus）的信中的一句话：

> 把每天都当作生命的最后一天。那没有被期待的时刻到来时，就会受到欢迎。当你想微笑时，就来找我：光亮而肥胖，我是伊壁鸠鲁的牧群中一只被照顾得很好的猪。[1]

---

[1] 贺拉斯：《书信》1.4.16；参见 D. Konstan, "Epicurean Happiness: A Pig's Life?," *Journal of Ancient Philosophy*, vol. 6 (2012), pp. 1-22。

当然，这话是在取笑伊壁鸠鲁认为所有人都追求快乐，而且将快乐理解为口腹之欲。这就是为什么这幅画中的伊壁鸠鲁想要去取他面前的蛋糕。当然，这是对真正的伊壁鸠鲁主义的拙劣模仿，因为伊壁鸠鲁所说的快乐是理性（phronêsis，明智）指导下的痛苦的反面，就像他在《致梅瑙凯的信》中强调的：

> 带来快乐生活的，并不是无休止地宴饮和狂欢，也不是美色……而是清明的理性，寻找每一个选择与规避的原因……在所有这些当中，明智是首要的和最大的好。①

而这个杯子以及杯子上将伊壁鸠鲁画成骷髅，表达的是伊壁鸠鲁主义把握当下（carpe diem）的观点。

（二）菲洛德穆斯

抛开有趣的一面，这个杯子也很有意义。它结合了两个信息：首先是劝告人们把握当下，"在可能的时候去享受生活，因为明天并不确定"；其次是"勿忘人终有一死"：这些骷髅显然是在提醒我们，所有人都会死。也就是说，这个可能曾经用在会饮上的杯子，提醒我们人的有朽性，就像伊壁鸠鲁主义者在他们的

---

① 伊壁鸠鲁：《致梅瑙凯的信》132。

社团中做的那样。这也正是伊壁鸠鲁主义作家菲洛德穆斯①在《论死亡》(De morte)中的建议：始终认识到自己的有朽性，认识到死亡是幸福生活的条件。②菲洛德穆斯生活在公元前1世纪的意大利，是卢修斯·皮索·凯索尼努斯（Lucius Piso Caesoninus，罗马执政官，尤利乌斯·恺撒[Julius Caesar]的岳父）的老师。菲洛德穆斯甚至主张：

> 明智的人……他的余生都像准备好被埋葬一样，他在一天里获得的与从永恒中获得的一样。③

菲洛德穆斯认为，如果"当死亡来临时自己全然不知，就像是一件意想不到或难以置信的事情一样"是非常愚蠢的，④因为"我们都生活在一个对死亡不设防的城邦之中"。⑤

"像准备好被埋葬一样（entetaphiasmenos peripatei）"，⑥这个比喻令人印象非常深刻，它很好地描绘了伊壁鸠鲁主义者如何

---

① 关于菲洛德穆斯，参见 Erler, "Epikur – Die Schule Epikurs – Lukrez," pp. 289-362。
② 参见菲洛德穆斯：《论死亡》；W. B. Henry trans., Atlanta, 2009, p. 86 ff。
③ 菲洛德穆斯：《论死亡》, col. 38.18 Henry。
④ 菲洛德穆斯：《论死亡》, col 37.18 Henry。
⑤ 菲洛德穆斯：《论死亡》, col. 37.27 Henry。
⑥ 参见 M. Erler, "Leben wie im Leichentuch. Anmerkung zu Phld., De morte, col. 38.16 Henry," Cronache Ercolanesi, vol. 41 (2011), pp. 139-143。

应对死亡:在生命的任何时候都要意识到死亡,直面死亡和人的有朽性。① 伊壁鸠鲁主义者认为,活得像准备被埋葬的死人一样是件好事情。这也是为什么让人直面别人如何应对困境和死亡很有价值。就像卢克莱修说的:

> 观察一个人身处危险之中最有用,在逆境中最容易分辨一个人的真相:因为只有在那时,他说的话才来自真心,他才会撕掉面具,留下真实。②

这正是那些纪念文学,以及在共同体中展示这些文本的目的:提醒人们那些主要的伊壁鸠鲁主义者如何面对死亡,伊壁鸠鲁的哲学建议如何影响他们的生活,他们如何通过对抗阻碍幸福的最大障碍——对死亡的恐惧,③ 来证明人能够战胜这场斗争,从而获得幸福的。

---

① 参见 V. Tsouna, *The Ethics of Philodemus*, Oxford, 2007; V. Tsouna, "'Portare davanti agli occhi': Una tecnica retorica nelle opere 'morali' di Filodemo," *Cronache Ercolanesi*, vol. 33 (2003), pp. 243-247。

② 卢克莱修:《物性论》3.55-58。

③ 参见 J. Warren, *Facing Death: Epicurus and his Critics*, Oxford, 2006; Erler, "Literarische Begegnungen mit dem Tod in der Philosophie der griechischen Antike"。

五、伊壁鸠鲁,对死亡的恐惧和无限的欲望

我们先暂停一下,看看到此为止我们了解了什么。我们知道了纪念文学在伊壁鸠鲁的花园里发挥着重要作用,我们还看到,伊壁鸠鲁转变了一种传统,将它作为治疗哲学的一部分,这个传统提醒我们要记住死亡毫不重要(甚至与我们无关)。接下来,我要解释为什么它能够成为治疗哲学的一部分。我认为,是因为这种方法不仅能帮助人们摆脱对死亡的恐惧,而且能帮助人们控制自己在面对他人的痛苦和死亡时产生的情感。

先来看伊壁鸠鲁主义者为什么主张消除对死亡的恐惧。伊壁鸠鲁认为,正是对死亡的恐惧产生了无法满足的无限欲望。[①] 没有人可以避免死亡,我们唯一能避免的,是对死亡的恐惧。然而,很多人都试图避免死亡:他们认为,通过各种活动,通过政治野心、罪恶活动(它们导致贪婪和盲目地想要出人头地的欲望),变得著名或强大,他们就不会再惧怕死亡。就像卢克莱修在《物性论》中描述的那样:

> 此外,贪婪和盲目地想要出人头地的欲望,这些都驱使不幸的人触犯法律……这些生命中的痛苦,在很大程度上都

[①] 参见伊壁鸠鲁:《基本要道》7; 卢克莱修:《物性论》3.1017 ff.。

是由对死亡的恐惧导致。①

伊壁鸠鲁主义者深信，避免恶、过好的生活，都在很大程度上取决于对欲望的正确判断，尤其取决于能否辨识出不可能得到满足的无限欲望。卢克莱修非常生动地描绘的这种欲望以及它带来的影响，显然只能因为对死亡的正确理解而消除。伊壁鸠鲁在《致梅瑙凯的信》中说道：

> 要习惯于相信死亡与我们无关，因为好和坏都在感觉之中（en aisthesei），而死亡是感觉的缺失；因此，正确认识到死亡与我们无关，能让我们享受有朽的生命，并不是通过为生命增加无尽的时间，而是通过消除对不朽的渴望。②

卢克莱修的意思就是要消除带来痛苦与恶的无限欲望。这就是为什么我们要日夜提醒自己，死亡与我们无关。

但这可能引发一个问题：要如何证明死亡与我们无关？此时，伊壁鸠鲁主义的物理学和认识论就发挥了作用。伊壁鸠鲁认为死亡与我们无关，因此没有什么可怕的，这种观点可以通过他的物理学或对自然的研究（physiologia）来解释。因为，在伊壁

---

① 卢克莱修：《物性论》3.59-64。
② 伊壁鸠鲁：《致梅瑙凯的信》124。

鸠鲁看来，我们生活在一个物质世界。在其中，一切都由原子和虚空构成，灵魂也是一样。伊壁鸠鲁认为灵魂是物质性的，因为灵魂能够与身体相互作用。如果身体死了，灵魂也无法存活。因为灵魂本身也是物体，而所有物体都会消亡。① 其次，每一种感知（perception）都包含着感觉（sensual），而每一种感知都依赖身体的存在，这就意味着在身体和灵魂解体后，我们就无法感知任何东西了，就像我们出生之前那样（这也被称为"对称论证"）。② 如果死去的人没有感知，他们就无法感受到快乐和痛苦。就像伊壁鸠鲁在《基本要道》第二条说的：

> 死亡与我们无关：因为当身体消解成构成它的元素之后，就没有感觉（*anaisthetei*）了，而没有感觉的东西与我们无关。③

如果没有感觉，那么担心死后遗留下来的东西就是错误的。因此，恐惧死亡或哀悼死人都是不明智的，理性的做法应当是将死亡看作与我们无关的。正确的生活应当是练习死亡。④ 理性的态

---

① 参见卢克莱修：《物性论》3.417-440。
② 关于对称论证，参见卢克莱修：《物性论》3.832-842。
③ 伊壁鸠鲁：《基本要道》2。
④ 参见卢克莱修：《物性论》3, 870-893; 伊壁鸠鲁：《致梅瑙凯的信》124。

度是应当认为死亡并不可怕,它是我们生活的一部分。应当正确地生活,消除对死亡的恐惧。因为死亡会带来很多痛苦和恶,比如贪婪、盲目地想要出人头地的欲望,等等。

伊壁鸠鲁建议我们要始终意识到死亡,[①]同时以乐观的心态对待生活。这就是为什么伊壁鸠鲁将生活称为"练习死亡",也是为什么永远直面死亡是合理的,要"像准备被埋葬的死者一样生活",要倾听那些纪念文字,比如伊壁鸠鲁在临终前写给伊多梅纽斯(Idomeneus)的信。他写道:

> 在这幸福的一天,同时也是我生命的最后一天,我把这些写给你。结石和痢疾一直缠绕着我,给我带来的痛苦无以复加。但是我回忆过去与你一起的谈话,这些回忆给我带来的快乐能够抵消痛苦。我想让你,就像你对我和对哲学的毕生态度那样,照顾美特罗多鲁斯的孩子们。[②]

这封信,或者说信中描述的伊壁鸠鲁,给后来的读者留下了深刻印象——甚至伊壁鸠鲁的反对者西塞罗都将这封信翻译成拉丁文。无论如何,类似这封信的纪念文字很好地证明"死亡与我们

---

① 参见伊壁鸠鲁:《致梅瑙凯的信》123。
② 参见第欧根尼·拉尔修:《名哲言行录》10.22;西塞罗:《论道德目的》2.96。

无关"这种主张如何帮助人们消除面临死亡时的痛苦,从而帮助将死之人,比如伊壁鸠鲁以及这封信的读者,获得幸福。它能够解释为什么在伊壁鸠鲁主义的语境下,崇拜死者并哀悼他们是合理的。

快乐会与悲伤或痛苦结合在一起。伊壁鸠鲁主义者在追忆死者、阅读那些纪念文字时就预料到了这点。因为他们相信,悲伤或愤怒都是自然的,即使是智慧之人也会感到悲伤或愤怒。[1] 有趣的是,我们再一次发现,如果以柏拉图为背景,伊壁鸠鲁主义的观点就会变得更加清晰。下面我就来说说这一点。

六、柏拉图的《斐多》:一篇纪念文字

当然,伊壁鸠鲁并不是第一个将生命定义为"练习死亡"的人。他在《致梅瑙凯的信》中所说的,让我们回想起在柏拉图的对话《斐多》中,苏格拉底称哲学为"死亡的准备"(*meletê tou thanatou*)。[2] 但是和伊壁鸠鲁不同,苏格拉底认为死亡是灵魂与身体的分离,而对伊壁鸠鲁来说,死亡是生命的终结。苏格拉底

---

[1] 参见普鲁塔克:《根据伊壁鸠鲁的原则快乐的生活是不可能的》1101a-b = 残篇 120 Usener;另参见 Erler, "Literarische Begegnungen mit dem Tod in der Philosophie der griechischen Antike"。

[2] 参见柏拉图:《斐多》64a ff。

和伊壁鸠鲁都同意,在某种意义上,好的死亡是好生命的顶点,不仅如此,如果它能够作为一个范例被模仿,就有助于其他人的幸福。考虑到伊壁鸠鲁主义的纪念文字及其作用,柏拉图的《斐多》就很有意思。① 因为《斐多》本身就是一个纪念性的文本。② 更重要的是,它还讨论了纪念文字应当如何影响读者。我会论证,如果以柏拉图主义为背景,我们就能更清晰地理解伊壁鸠鲁主义传统下的纪念文字,以及其中包含的情感。下面我们就转向柏拉图的《斐多》。这篇对话展示了苏格拉底如何面对死亡。

苏格拉底的同伴意识到,即使面对死刑,苏格拉底似乎也很幸福,他们知道这是因为苏格拉底相信死亡并不可怕。在这篇对话中,斐多最后建议我们要牢记苏格拉底的哲学论证以及(来自这些论证的)行动:

> 埃刻克拉底(Echekrates),这就是我们朋友的结局,在我们看来,他是这个时代我们遇到的最好的人,也是最有智慧、最正义的人。③

---

① 参见 N. Blössner, "Sokrates und sein Glück, oder: Warum hat Platon den Phaidon geschrieben?," in A. Havlicek and F. Karfík eds., *Plato's Phaedo*, Prag, 2001, pp. 96-139。

② Erler, "Literarische Begegnungen mit dem Tod in der Philosophie der griechischen Antike," p. 177 ff.。

③ 柏拉图:《斐多》118。

就像在《致伊多梅纽斯的信》和其他纪念文字中的伊壁鸠鲁一样，《斐多》中的苏格拉底，也被当作即使面对死亡也能过哲学上良好生活的典范。这样看来，《斐多》似乎预见了纪念性文本在伊壁鸠鲁主义共同体中的作用。同时，更为有趣的是，这篇对话还阐明和分析了一系列情感，这些情感都产生于面对死亡的情境。关于如何处理面对死亡时的情感，柏拉图提供了两种选择。一种由苏格拉底代表，另一种由斐多代表。我认为这两种选择都能够帮助我们更好地理解，像伊壁鸠鲁主义提供的那种纪念文字，如何能够作为治疗哲学的一部分，帮助人们控制自己的情感。

（一）苏格拉底

我们先来看苏格拉底。前面提到过，在《斐多》中，苏格拉底成为一个典范，他在恶劣环境下承担自己的使命，在面对死亡时也能自信、保有德性。在这个意义上，《斐多》预见了伊壁鸠鲁主义式的纪念文字。柏拉图认为，良好生活的一个条件就在于，即便在极端环境中也要尽可能不受类似于对死亡的恐惧这样的情感影响，因为对死亡的恐惧会导致对理性（logos）的不信任，对所处情境做出错误的评判，从而导致错误的结果，并因此导致不幸。为了完全不受情感影响，苏格拉底想通过证明灵魂不朽来消除对死亡的恐惧。实际上，苏格拉底用英雄式的自制力和让人无法想象的平静,将自己和其他人区分开来。① 在最后接过并喝下毒药时,他始终保持平静和镇定。并且,当他的朋友要被悲伤吞没时,他依然不为所动地去安慰他们。当他的妻儿和其他家庭成员开始大声恸哭时,他把他们都送走了。苏格拉底的行为展现的是不动感情,并因此成为真正的哲学生活的典范,因为真正的哲学生活只追求德性,所以有时会压抑甚至消除负面情感。② 苏格拉底在生命的最后时刻都是幸福的,这同时也是斯多亚学派追求的理想。

(二)斐多

在《斐多》中,柏拉图还提供了另一种方式,去处理面对苏格拉底死亡时产生的情感。斐多这个角色尤其有趣,因为他说,在看苏格拉底时,他并不感到怜悯,也没有其他情感。③ 不仅如此,他还对此感到惊讶。他显然知道苏格拉底为什么会做出那样的反应。因为他知道,无论在生前还是死后,苏格拉底都是幸福的。④ 苏格拉底关于灵魂不朽的讨论告诉斐多,他之所以能获得

---

① S. Halliwell, *The Aesthetics of Mimesis: Ancient Texts and Modern Problems*, Princeton, 2002, p. 112 ff.; M. Erler, "Platon. Affekte und Wege zur Eudaimonie," in Hilge Landweer and Ursula Renz eds., *Klassische Emotionstheorien. Von Platon bis Wittgenstein*, Berlin, 2008, pp. 19-44, 尤其是 p. 28 ff.。

② 参见柏拉图:《斐多》59c-60a; 115c-116a; 116b-117c。

③ 参见 Halliwell, *The Aesthetics of Mimesis*, 2002, p. 112 ff.。

④ 参见柏拉图:《斐多》58e。

幸福的原因在于，死亡并不可怕，因为它根本就不是坏事。当然，在和苏格拉底的哲学讨论中，斐多也感到悲伤，他的感情很复杂。但这是可以理解的，因为斐多想到他就要失去一个真正的朋友，这就是他为什么无法止住泪水。① 因此，和苏格拉底不同，斐多容易受情感的影响。但苏格拉底不动感情的英雄行为对斐多产生了积极的影响。他分析了自己悲伤的原因，而对此的评估让他能更好地控制自己的情感，苏格拉底的论证就发挥了这样的作用。②

值得注意的是，《斐多》中描述的斐多处理情感的方式，与《理想国》中苏格拉底描述的"体面的"人（苏格拉底称他们为 *epieikeis*）处理诸如愤怒、悲伤等情感的方式相似。③ 在《理想国》中，习俗和法律都要求，在面对不幸时不要愤怒或感到困扰，而要保持冷静。但同时，悲痛之类的情感可能会突然将人包围，而且在特定情况下，这些情感也不是完全消极的。苏格拉底建议人们不要被不幸和命运（*aganaktein*）困扰，因为我们并不知道产生这些情感的原因究竟是好是坏。此外，苏格拉底提醒我们，不要把人世间的事情看得过重，他特别指出，过度的悲痛会影响对某个情况的理性分析（*bouleuesthai*），还会阻碍理性应对特殊情

---

① 参见柏拉图：《斐多》117d。

② 参见 Erler, "Platon. Affeckt und Wege zur Eudaimonie"。

③ 参见柏拉图：《理想国》603e。

况的能力。相反，苏格拉底希望人们：

> 不要像蹒跚学步的孩童一样，摔倒受伤后需要拍打着来安抚，在嚎啕大哭中浪费时间，而要使灵魂习惯于立刻想办法治愈伤痛，将倒下的扶起来，让治疗代替哀叹。①

因此，如果感到悲伤等情感，为了能够正确地分析当下的情境，苏格拉底建议分三步：首先，应该将任何命运的打击都置于人类生存的大背景下思考；其次，理性地分析发生的事情；最后，为了治愈和恢复，要不断地重复这些步骤。

值得注意的是，这里苏格拉底既没有否定情感对人的影响，也没有消极地看待这一事实，更没有建议人们完全压抑这些情感。相反，他建议的是理性地应对这些情感。苏格拉底明确承认，一个"体面的人"，就像他自己那样，②在失去某个亲人之后，会产生悲伤之类的情感。"体面的人"描述的是那些会受情感影响的人，但同时，如果满足了某些要求，他们也能很好地控制自己的情感。这些要求包括：能够分析产生情感的原因，并且能够适应那些不好的情境。

---

① 参见柏拉图：《理想国》604c-d。
② 参见柏拉图：《理想国》603e。

苏格拉底的建议听起来很有意思，因为首先，《理想国》中苏格拉底关于如何处理类似愤怒和悲伤等情感的建议，听起来像是一本手册，可以帮助我们阐释斐多的行为。在《斐多》中，当见证了苏格拉底在最后时刻的行为和死亡后，斐多证明了他能够很好地控制自己的情感。这些情感的产生，并不是因为他认为死亡本身是一件坏事，而是因为他意识到即将失去一个朋友。斐多并没有像《斐多》中描述的苏格拉底那样，去对抗这些情感，或试图消除这些情感，而是接受并尝试控制它们。显然，斐多遵从的是苏格拉底在《理想国》中给出的建议，即要通过理性、节制、习惯、不断地练习以及对特定情况的分析，来控制自己的情感。

七、伊壁鸠鲁论纪念和哀悼

就像我们看到的，《斐多》为读者提供了两种可供效仿的选择。他们可以选择效仿苏格拉底，完全消除那些情感，无情地对待家人和朋友。很多读者会选择这种，只是因为苏格拉底是柏拉图推崇的哲学家的代表，比如斯多亚学派主张的"不动情"（*apatheia*），就与《斐多》中的苏格拉底相似。但也有读者会选择效仿斐多，接受产生的情感，但会试图以苏格拉底在《理想国》中建议的方式，去控制那些情感。理查德·索拉布吉（Richard

Sorabji）认为，① 在《理想国》中，柏拉图笔下的苏格拉底关于如何处理悲伤等情感的建议，的确在柏拉图之后的不同学派的哲学治疗中发挥了重要作用。② 但索拉布吉并没有将伊壁鸠鲁主义考虑在内。然而我们发现，苏格拉底在《理想国》中提供的建议，以及《斐多》中斐多的实际行动，恰好符合伊壁鸠鲁主义在治疗哲学中谈论的处理情感的方式。因为伊壁鸠鲁主义并没有试图消除情感，而是在诸如痛苦和快乐的情感之间寻求平衡。当回忆起他的兄弟尼奥克莱斯（Neocles）临终前的话时，伊壁鸠鲁说"伴随着泪水的神奇快乐"③。悲伤与愉悦之间的平衡，这让我们想到《斐多》中，在见证了苏格拉底的最后时刻和死亡后，斐多的经历。因此显然，伊壁鸠鲁主义者并不支持没有情感的苏格拉底或是斯多亚学派主张的"不动情"，而是站在了斐多一边，接受情感是人的自然属性，但同时也必须由理性控制。接受并正确地控制情感，伊壁鸠鲁本人就是这样做的，并且期待那些想要完善自我的人也这样做。伊壁鸠鲁主义者认为，情感是属于人本性的最

---

① 参见 R. Sorabji, *Emotion and Peace of Mind*, Oxford, 2000, p. 213。关于与柏拉图的关系，参见 Erler, "The Happiness of the Bees: Affect and Virtue in the *Phaedo* and in the *Republic*," in M. Migliori, L. M. Napolitano Valditara, A. Fermani eds., *Inner Life and Soul: Psyche in Plato*, Sankt Augustin, 2011, pp. 91-101。

② 参见（伪）普鲁塔克：《安慰阿波罗尼乌斯》（*consolatio ad apollonium*）112e；柏拉图：《理想国》603e–604d。

③ 普鲁塔克：《根据伊壁鸠鲁的原则快乐的生活是不可能的》1097e f.；塞涅卡：《书信》99.25。

初痕迹（vestigia），无法被根除，就像卢克莱修在《物性论》第三卷说的那样。① 因此，伊壁鸠鲁主义者与那些不接受任何情感，即使在朋友死时也不接受悲伤和泪水的人不同，我们从伊壁鸠鲁给斐尔松（Phyrson）的一封信中也能看出这一点。普鲁塔克复述了这封信的内容：

> 伊壁鸠鲁主义者不同意那些在朋友去世时都要消除悲伤、泪水和哀恸的人，他们认为，消除悲伤或者让我们完全没有感觉，这实际上源于另一种更大的恶：无情，或者说对名声过度地、几近疯狂地追求。因此，他们认为，有一些感动、悲痛、泪水，以及所有他们感受到的或是写下来的悲伤情感，让自己被称为软心肠的、易受影响的人，这样反而更好。②

在另一处，普鲁塔克写道："对死去朋友的回忆，（对伊壁鸠鲁主义者来说）在任何意义上都是令人快乐的。"③ 有人可能会疑惑，既然对伊壁鸠鲁主义者来说，死亡是所有的终结，人死后就无法再经历任何事情，那为什么要对朋友的死亡感到悲伤呢？卢克莱修恰恰提出了这个问题：

---

① 参见卢克莱修：《物性论》3.310；3.320 f.。
② 普鲁塔克：《根据伊壁鸠鲁的原则快乐的生活是不可能的》1101a-b = 残篇 120 Usener。
③ 普鲁塔克：《根据伊壁鸠鲁的原则快乐的生活是不可能的》1105e。

> 我们可能会问，如果一切都终结于沉睡与安息，那其中又有什么大的苦涩让人陷入持续的悲伤？①

事实上，就像《斐多》中的斐多那样，伊壁鸠鲁主义者并不是因死亡而悲伤，而是因为失去一个朋友而感到悲伤。伊壁鸠鲁也承认，在面对死亡时感到的悲伤，与活着的人有关，他或她因分离而感到痛苦。也就是说，在纪念死者时，参与纪念的人——而不是被纪念的人——才是真正接受治疗的人。②

从哀悼和回忆中产生的快乐，平衡了因朋友的死产生的痛苦。也就是说，阅读纪念文字，接受因失去朋友而产生的悲伤，这些主张都是基于伊壁鸠鲁主义的计算，因为其中产生的快乐大于伴随的痛苦。③

从这个角度来看，崇拜和纪念死去的伊壁鸠鲁主义英雄就是合理的。伊壁鸠鲁的反对者认为，阅读纪念文字，纪念或是哀悼死去的伊壁鸠鲁主义英雄，和伊壁鸠鲁关于死亡的观点矛盾，因为死亡是所有感觉的终结，死去的人无法因被崇拜或纪念而感到快乐。然而我们看到，这里并不存在矛盾：因为伊壁鸠鲁说的并

---

① 卢克莱修：《物性论》3.909 ff.。
② 参见伊壁鸠鲁：《梵蒂冈箴言》32。
③ 关于快乐主义的计算，见伊壁鸠鲁：《致梅瑙凯的信》132；Erler and Schofield, "Epicurean Ethics," p. 651 ff.。

不是死去的人从纪念和崇拜活动中受益，而是那些进行纪念和崇拜的人，他们才是纪念活动真正的接受者，才是真正从中获益的人。① 就像柏拉图在《斐多》中和伊壁鸠鲁在《致斐尔松的信》中说的那样：纪念死去的朋友的好处，可能在于帮助人们控制自己的情感。因此，纪念或崇拜活动帮助崇拜者完善了他有朽的自我。这成为伊壁鸠鲁主义治疗哲学的一部分，因为伊壁鸠鲁主义哲学教育的目的之一，就在于通过情感变化和理论探究，来改变一个伊壁鸠鲁主义者的品性。

八、结论

伊壁鸠鲁主义的社团或者花园，是通过口头交流和阅读哲学文本的方式，帮助伊壁鸠鲁主义者完善有朽自我的场所。在这一章中，我们主要讨论了伊壁鸠鲁的一个建议（由卢克莱修明确提出）：要懂得如何控制自己的情感。② 我们认为，纪念和仿效死去的哲学英雄在这里发挥着重要作用。当然，这种从宗教中借用的实践，只是控制情感的一种方式。在伊壁鸠鲁主义者看来，同时还要进行哲学分析。因为伊壁鸠鲁预设了"量度在自然中被发

---

① 参见伊壁鸠鲁：《梵蒂冈箴言》32。
② 参见卢克莱修：《物性论》5.43 ff.。

现,并能够被人认识",理性地观察和分析自然,即沉思(*theôria*)或研究自然(*physiologia*),传递了关于限度和量度的知识,这使得我们能够正确地处理情感。① 这同时也证明了,在伊壁鸠鲁主义中,对自然的研究和道德实践密切相关。对自然的研究提供了道德行为的手段。对自然的研究(即物理学)和实践伦理学一起,帮助伊壁鸠鲁成为了"有朽的神",也会帮助所有那些努力效仿他、想要成为伊壁鸠鲁主义圣人的人。就像伊壁鸠鲁建议的,要实现这个目的,就需要在花园中不断地进行练习。

在本章中,我还讨论了伊壁鸠鲁主义治疗哲学中一个没有得到太多关注的方面:纪念文学在伊壁鸠鲁主义教育体系中的作用。纪念文学与古希腊城邦的传统英雄崇拜有关,纪念活动不仅在政治语境下展开,而且早在公元前6世纪就被诗人讨论,比如诗人阿基洛库斯(Archilochos)。② 显然,伊壁鸠鲁接受了城邦文化中这一重要的宗教元素,考虑到伊壁鸠鲁一般对传统宗教持批评态度,对这一宗教元素的接受可能让人感到意外。但我们也认识到,伊壁鸠鲁并不是简单地接受这个传统,而是根据自己的哲学将它进行转化和改善:伊壁鸠鲁承认,如果传统崇拜能够认识到,崇拜或纪念活动真正的受益者是进行纪念或崇拜的人,而不

---

① 参见伊壁鸠鲁:《基本要道》15。
② 参见 D. Clay, *Archilochos Heros: The Cult of Poets in the Greek Polis*, Cambridge, 2004。

是被崇拜者，那么它还是有哲学意义的。我们看到，在这个条件下，纪念活动和对英雄的崇拜成为伊壁鸠鲁主义实践哲学的一部分，因为它们能够帮助人控制自己的情感。在这个意义上，死去的伊壁鸠鲁，作为伊壁鸠鲁主义的英雄和重要的领袖，通过帮助人们行动，鼓励他们仿效和模仿他，而不是自己行动，成为了人类的拯救者。① 就像伊壁鸠鲁主义者阿提库斯（Atticus）在西塞罗的《论道德目的》中说的：

> 我无法随意忘记伊壁鸠鲁，即使我想这样做。因为我们伊壁鸠鲁主义者，不仅在壁画上，而且在我们的杯子和指环上，都能看到他的形象。②

而事实上，我们现在也确实找到了刻有伊壁鸠鲁形象的指环和他的半身雕像，还找到了刻着伊壁鸠鲁主义者美特罗多鲁斯的指环。

这就是为什么对伊壁鸠鲁主义英雄的崇拜活动，以及阅读那些纪念文字，成为伊壁鸠鲁主义治疗哲学的一部分，成为他们教学方式以及伊壁鸠鲁主义友爱的一部分，就像我们在菲洛德穆斯引用的伊壁鸠鲁的一封信中读到的。在这封信中，伊壁鸠鲁记载

---

① 参见塞涅卡：《书信》25.5: *sic fac inquit omnia tamquam spectet Epicurus*。
② 西塞罗：《论道德目的》5.3: *nec tamen Epicuri licet oblivisci, si cupiam, cuius imaginem non modo in tabulis nostri familiares, sed etiam in poculis et in anulis habent*。

了他邀请人们参加伊壁鸠鲁主义的聚会：

> 对于那些对最好的和最幸福的自然感到困惑和困难的人，(伊壁鸠鲁说)他会邀请这些人参加他的宴席……这样(他说)，他们就不会随波逐流……而是实践那些符合他们自然的东西。他们会记住所有对我们好的人，在他们自己获得幸福的时候，他们也能够加入恰当的神圣献祭。[①]

记住那些对我们好的人：纪念的文化和阅读纪念文字都符合伊壁鸠鲁主义哲学，因为伊壁鸠鲁主义哲学正是要帮助人们完善有朽的自我，而这又与帮助他人完善他们有朽的自我相辅相成。对伊壁鸠鲁主义者来说，利己主义与利他主义并不是相互排斥，而是相互包含的。伊壁鸠鲁主义的共同体以及其中实行的教学方式都符合这个观念。我们再一次看到，伊壁鸠鲁使用了传统概念，并将它们转化为他的治疗哲学的一部分。

---

① 菲洛德穆斯：《论伊壁鸠鲁》(*On Epicurus*) 赫库兰尼姆莎草纸 (Herculaneum Papyri, 缩写 PHerc.) 1232 XXVIII Tepedino Guerra; Tepedino Guerra, Nuove letture del Fr. u Col. I PHerc. 1232 Filodemo, *Su Epicuro*, in *Acts of the XVIII Congress of Papyrology*, Athens, 1988, pp. 225-231, trans. D. Clay, "The Cults of Epicurus," in *Paradosis and Survival*, p. 80 (Test. 16, 81f)。

第三章 伊壁鸠鲁主义"真正的政治学"

一、伊壁鸠鲁与"苏格拉底式的政治学"

在这章中,我要讨论的问题是:伊壁鸠鲁主义者是否可以在一个如希腊城邦那样的共同体中生活;如果可以,又是以何种方式生活?初看之下,答案似乎很明确。人们公认,伊壁鸠鲁完全拒绝参与政治。他劝告追随者要从公共事务中脱离,或者像他在非常重要但已佚失的伦理学著作《论生活》(De vitis)的一则残篇中说的,要"远离政治"。① 从普鲁塔克那里我们得知,伊壁鸠鲁认为伊壁鸠鲁主义者应当从"众人"中脱身,"不引人注意地生活"(lathe biôsas),事实上这个说法早已成了伊壁鸠鲁主义的标志,② 同时这也是伊壁鸠鲁的众多对手们诟病的一点。因而,关

---

① 参见第欧根尼·拉尔修:《名哲言行录》10.119 = 残篇 8 Usener。关于伊壁鸠鲁主义的材料,参见 M. Erler, "Epikur – Die Schule Epikurs – Lukrez"。

② 参见伊壁鸠鲁:《基本要道》14;残篇 551。"不引人注意地生活"这个词并未在伊壁鸠鲁现存的文本中出现,参见 G. Roskam, *"Live unnoticed"* (Λάθε βιώσας): *On the Vicissitudes of an Epicurean Doctrine*, Leiden, 2007。

于伊壁鸠鲁主义者是否想要参与公共事务或共同体,答案似乎是否定的。

但是接下来,我会就这些看似是对伊壁鸠鲁主义立场的普遍理解提出质疑。我要论证,就算伊壁鸠鲁主义者试图远离传统意义上的日常政治事务,但是在另一种意义上,伊壁鸠鲁主义者完全能够进入社会并实践政治。因为伊壁鸠鲁主义所说的"实践政治",并不意味着处理共同体政治机构中的事务,而是致力于提升民众的精神品格,帮助他们过上幸福的生活。我想说,伊壁鸠鲁主义者将哲学本身视为一种政治活动,我们可以称之为"苏格拉底式的政治学"(Socratic politics),因为它很容易让我们想起苏格拉底在柏拉图对话中从事的那种哲学活动,在《高尔吉亚》中它被称为"真正的政治学",① 以此与传统政治对照。苏格拉底用"真正的政治学"来指他自己的哲学活动(pragma),即"对灵魂的关照"(epimeleia tês psychês),也就是关照同伴及公民的灵魂,② 从而为他们提供他们所宣称的实践政治的主要目标:安全。由此可见,伊壁鸠鲁主义者区分了两种不同的政治实践方式,并拥有两种不同的"安全"概念,一种是由城邦提供的传统意义上的社会安全,另一种是由"真正的政治学",也就是伊壁

---

① 参见柏拉图:《高尔吉亚》521d。
② 参见柏拉图:《申辩》29e、30b、39d。

鸠鲁主义所提供的安全，后者并不需要传统公共机构或城邦的保护。我会表明在这个意义上，伊壁鸠鲁遵循了苏格拉底开辟的传统。①

随后我会讨论一块纪念碑，由公元 2 世纪的伊壁鸠鲁主义者第欧根尼在小亚细亚的小镇奥伊诺安达修建。碑上篆刻了伊壁鸠鲁的基本学说。在我看来，至少就其目的而言，这块纪念碑体现了伊壁鸠鲁主义那种苏格拉底式的"真正的政治学"。此外，近期发现的一些铭文残篇，也证实了伊壁鸠鲁主义者的确拥护一个理想共同体的概念，这个理想的共同体与柏拉图在《理想国》中描述的"美丽城"（*Kallipolis*）相似，二者实行的都是"苏格拉底式的真正的政治学"，而非传统政治，而且在这两个城邦中，传统的政治机构或成文法律都毫不重要。对伊壁鸠鲁主义传统来说，这是一个全新且非常重要的方面，但经常被现代学者阐释成律法主义（legalist）。我会论证，这种理解是错误的，就像将柏拉图主义理解为律法主义者一样错误。

---

① 参见 M. Erler, "Utopie und Realität. Epikureische Legitimation von Herrschaftsformen," in T. Baier ed., *Die Legitimation der Einzelherrschaft im Kontext der Generationenthematik*, Berlin, 2008, pp. 39-54。

二、伊壁鸠鲁主义的政治学及其目标：安全

（一）社会安全

首先，我们要重新思考伊壁鸠鲁主义如何理解政治。要理解伊壁鸠鲁为什么主张过不引人注意的生活，或是要远离政治，我们先要问，当伊壁鸠鲁主义者告诫人们不要参与"政治"时，这个词究竟意味着什么？要回答这个问题，我们需要记住，伊壁鸠鲁政治思考的首要动力，以及他评判政治的主要标准，是某种特定的政治能**否为民众带来安全、平静与信心**。这三者是伊壁鸠鲁主义进行一切政治考量的核心动力。伊壁鸠鲁主义者当然承认，人们要在和他人共同生活时创造社会安全。① 这正是伊壁鸠鲁希望从传统政治中获得的，也是伊壁鸠鲁主义者准备参与政治的原因，但也仅仅是在必要之时才会参与。这一点我们可以从塞涅卡的《论闲暇》（*De otio*），② 以及罗马共和国在最终危机时伊壁鸠鲁主义者的表现中看到。因为那个时候，罗马的伊壁鸠鲁主义者的确没有置身事外，"远离政治"。卡西乌斯（Gaius Cassius Longinus, 公元前85—前42年）大约在公元前48年转信了伊壁鸠鲁主义，也许正是因此，他与学园派的布鲁图斯（Marcus

---

① 参见伊壁鸠鲁：《基本要道》6，7。
② 参见塞涅卡：《论闲暇》3.2。

Junius Brutus，公元前 85—前 42 年），一起参与了公元前 44 年刺杀恺撒的活动。① 由此可见，卡西乌斯和我们知道的其他一些伊壁鸠鲁主义者，并不想不顾一切地远离政治事务，至少当他们认为参与政治是不可避免的时候。此外，伊壁鸠鲁主义者克罗特斯（Colotes）曾说："那订立法律与习俗，建立由国王和官员统治的城邦的人，将众人从混乱中拯救出来，让他们享受安全与平静的生活。"② 普鲁塔克在他撰写的《驳克罗特斯》（*Adversus Colotem*）中引述了这句话。在这里，克罗特斯显然夸赞了立法者以及由法律统治的共同体，因为它们提供了社会安全，保护民众免受任何人身侵犯。但正是因为这类表述，伊壁鸠鲁主义者常被古代及现代学者视为律法主义者。然而我们很快会发现，这个判断至少是非常片面的。

（二）内在的安全

伊壁鸠鲁主义者认为，仅从外在的视角来谈为民众提供社会安全是不够的。传统政治的确有助于保护民众免受敌人侵犯，确保他们的人身安全，因为它能够提供社会保障，降低外部敌人的威胁。但是他们认为，传统政治很危险，因为它关于如何获得安

---

① 参见 D. N. Sedley, "Epicureanism in the Late Roman Republic," p. 44。
② 普鲁塔克：《驳克罗特斯》1124d。

全的理解是错误的。《基本要道》7 中写道:"一些人渴望出名或是拥有声望,认为这样就能从他人那里得到安全保障。如果这些人当真是安全的,他们就获得了自然的好;而如果他们的生活不安全,那就没有获得最初依据自然去追求的目的。"[①]

　　伊壁鸠鲁主义者深信,存在着源自内心的困扰和不安全感。建造城墙、订立法律,或者建立良好的政府都无法消除这些不安。因为即使城墙、城堡和法律能够保障我们的人身安全,但是人们的内心依然有因为对世界运转方式的不理解,对传统价值如财富或权力的错误评判,产生的对神的恐惧或烦扰。这些因无知造成的烦扰和不安全感,时常会使人产生不当的行为,或是对他人造成侵犯。死亡意味着什么、神会做些什么、自然现象应当如何解释等等,对这些问题的无知或误解产生了存于人们内心的困扰和不安全感。因此对伊壁鸠鲁主义者来说,获得灵魂的平静意义上的安全更为重要。因为他们认为,只有这种安全才能保证真正的幸福。

　　因而对伊壁鸠鲁主义者来说,存在着两种不安全以及两种提供安全的方式:一是由传统政治提供的传统意义上的安全;二是源于人内心的不安全感,这种不安全感只能通过彻底理解自然现象产生的真正原因才能消除。因为如果不了解世界如何运

[①] 参见伊壁鸠鲁:《基本要道》7。

转，就不可能消除对自然现象、神和死亡的恐惧，正如伊壁鸠鲁所说："如果一个人无法理解整个自然，而是惧怕那些神话故事（*mythos*），就无法消除对最重要的事情的恐惧。因而，没有对自然的研究，就无法享受纯粹的快乐。"① 伊壁鸠鲁接着说："如果一个人对天上、地下或是无限的宇宙中发生的事情仍怀有恐惧，那么即使从他人那里得到了安全，也没有任何益处。"②

因而，只有理解了死亡与我们无关，神不关心我们因而无须害怕他们，所有自然现象都能以非目的论的方式解释，灵魂的平静（*ataraxia*）才能得到保障。换句话说，造成不安全感的因素有两个：一个来自外部，一个源自内心。因此必定有两种不同的政治学：一种被称为传统政治，处理社会事务、公共机构和政府，为民众提供社会安全。另一种政治能够解释世界如何运转，为何死亡与我们无关，为什么无须惧怕神，良好生活必需的好很容易得到。简言之，人们所需要的，是伊壁鸠鲁主义的物理学或哲学。

无知与恐惧常使人打破规则或产生其他不当的行为，正如卢克莱修在《物性论》中所说的：

---

① 参见伊壁鸠鲁：《基本要道》12。
② 参见伊壁鸠鲁：《基本要道》13。关于伊壁鸠鲁主义的"安全"概念，参见 M. Schofield, "Social and Political Thought," in *The Cambridge History of Hellenistic Philosophy*, pp. 739-770, 尤其是 pp. 748-756。

> 因为对死亡的恐惧，人们对生命和光亮的憎恨竟将他们深深扼住，让他们带着悲伤的灵魂终结自己的生命，而忘了这恐惧正是一切烦扰的源泉：它诱使人们背叛荣誉，打破朋友之间的纽带，总之叫人将所有自然情感推翻。①

因而，通过学习物理学消除灵魂的恐惧远比实现安全重要。由此可见，伊壁鸠鲁主义的政治禁令，仅仅是针对传统政治，而非真正的或哲学意义上的政治，后者就是伊壁鸠鲁主义的治疗哲学，只有这种政治才能更好地帮助人的灵魂，从而帮助整个共同体和城邦。②伊壁鸠鲁被称为"人类及城邦的拯救者"绝非偶然，因为他试图拯救城邦的灵魂，而非城邦的公共机构。③

说伊壁鸠鲁是真正的政治家，伊壁鸠鲁主义的物理学或哲学是"真正的政治学"，可能显得很奇怪，至少看起来像是个乌托邦的设想。但有趣的是，伊壁鸠鲁既不是唯一一个，也不是第一个持这种主张的人。下面我就要来表明，他是从柏拉图的对话《高尔吉亚》里苏格拉底的主张中获得了灵感。在《申辩》中，苏格拉底甚至曾自称为"城邦的拯救者"，因为他试图拯救城邦的灵

---

① 参见卢克莱修：《物性论》3.79-84。
② 参见 M. Gigante, "Philosophia medicans in Filodemo"；关于伊壁鸠鲁的治疗哲学，参见 M. Nussbaum, *The Therapy of Desire*, Princeton, 1994。
③ 参见 M. Erler, "Epicureanism in the Roman Empire," 尤其是 pp. 52-54；关于对伊壁鸠鲁的崇拜，参见 D. Clay, "The Cults of Epicurus"。

魂，而非城邦的公共机构。①

三、苏格拉底作为真正的政治家:《高尔吉亚》

我们转向柏拉图的《高尔吉亚》，来看看苏格拉底对政治和"真正的政治家"有何论述。虽然在这篇对话中苏格拉底与不同的对手讨论了不同的问题，但关注点一直都是如何幸福地生活。②

在同卡里克勒斯的争论中，关于正确生活方式的问题达到了高潮，他们争论应该选择成为政治家还是哲学家。卡里克勒斯为政治生活辩护，而苏格拉底则代表了哲学生活。在卡里克勒斯看来，传统的"政治生活"代表了一种以常识为导向的生活方式。它处理城邦的公共机构，并力图实现个体自身的利益。苏格拉底将这种对政治的理解与他所说的"真正的政治学"进行比较。与传统政治相反，后者旨在帮助别人变得更好、更幸福。改善他人的灵魂是苏格拉底问答游戏的目的，它将人导向疑难（aporia），同时让他们意识到自己所依赖的不过是幻象。③事实表明，在苏格拉底看来，究竟应该从事哲学还是政治的讨论，并非某种非此即彼的选择。对苏格拉底来说，从事政治同时意味着从事哲学，

---

① 参见柏拉图:《申辩》31a;另参见 23b,31b。
② 参见柏拉图:《高尔吉亚》472c。
③ 参见柏拉图:《理想国》515d。

因为他所理解的政治应当致力于在公民的灵魂中,以及在作为正义来源、从而构成个人及公民幸福来源的社会中建立秩序。"真正的政治学"并非把哲学和政治视为互不相容的东西,其目标是使人洗心革面并重建灵魂的秩序。这种生活方式的典型代表就是苏格拉底,正如他自己说的:"我认为我是雅典极少数——就算不是唯一一个——试图实践真正的政治技艺的人,也是唯一一个管理着城邦事务的人。"① 像苏格拉底这样的"真正的政治家",似乎并不关心权力和公共机构,而是致力于为个人创造条件,让他们能以正确的方式同强大的机构或他人共处。因为,真正的权力蕴含在那些有益于自己灵魂的事物中,并足以将这一认识落在现实之中。伯里克利(Pericles)、基蒙(Cimon)或者其他名人,并不能代表为雅典服务的政治家,相反,是哲学家苏格拉底,他宣称自己最好地服务了雅典人。苏格拉底无意于在政治机构间奔走,他所关心的一直是同胞的灵魂(epimeleia tês psychês),他试图通过辩驳将人们从错误的观念中解救出来,因而这种方法可以被称为"治疗的哲学"。

苏格拉底因为关心同胞的灵魂而成为"真正的政治家":这在一些现代阐释者看来可能很怪异。然而我们不应该忘记,"城邦"(polis)这个词对古人来说并不一定像现代国家观念那样涉

---

① 参见柏拉图:《高尔吉亚》521d;另参见 486e,487a。

及领土或公共机构。"城邦"更多是指个人组成的共同体。因此苏格拉底称他的哲学计划为"真正的政治学",也因此柏拉图在《理想国》中讨论真正的政治学,并发展出自己的"美丽城",法律只在其中扮演次要角色。在《理想国》中,苏格拉底关于人类灵魂可谓论述纷繁,却很少论及法律,几乎没有涉及政治机构。尽管"美丽城"里面有法律存在,[1]但它们通常仅仅是由哲人王监督执行的不成文规则。在《理想国》中,苏格拉底认为它们虽然有用却不够灵活,因而是次优的解决方案。《政治家》在一个神话中描述了没有规则的生活。[2]只有在马格尼西亚(Magnesia)这个《礼法》中的"次优"城邦里,公共机构和法律才是真正重要的。[3]这种城邦概念构成了苏格拉底讨论传统政治要素的背景,论及羞耻、仁慈或惩罚等修辞或伦理概念时亦是如此。如果从苏格拉底的那种"治疗的或哲学的政治学"的视角看,这些传统政治观念需要被转化并融入柏拉图对哲学的理解中:作为辩护技艺的传统修辞学,被转化为一种着眼于矫正他人灵魂的治疗性的指控技艺(an art of therapeutic accusation),就像苏格拉底在《申辩》

---

[1] 参见柏拉图:《理想国》380c,421a,424c,502b。
[2] 参见柏拉图:《理想国》425c-d;《政治家》271e。
[3] 参见柏拉图:《礼法》739a。关于《礼法》的研究,可参见 G. R. Morrow: *Plato's Cretan City: A Historical Interpretation of the Laws*, Princeton, 1960; K. Schöpsdau, *Platon. Nomoi (Gesetze) Buch I-III*, Göttingen, 1994; K. Schöpsdau, *Platon. Nomoi (Gesetze) Buch IV-VII*, Göttingen 2003; K. Schöpsdau, *Platon. Nomoi (Gesetze) Buch VIII-XII*, Göttingen, 2011。(转下页)

中说明的那样。同样,惩罚也是苏格拉底式治疗的一个环节,因为它意在使对话伙伴有所提升。①

四、亚里士多德

令人惊讶的是,这种将传统政治概念中的要素,转化成"真正的政治学"的哲学话语,并非在柏拉图首次提出后便销声匿迹。相反,苏格拉底"真正的政治学"开创了一个始自亚里士多德的传统,因为在《尼各马可伦理学》中,亚里士多德提出了两种政治,一种是受个人野心和抱负驱动的传统政治;②另一种是他所说的"真正的政治学",以及致力于引导同胞的灵魂朝向"好"或者"更好"的"真正的政治家"。这当然正是柏拉图笔下的苏格拉底所代表的观念。正像亚里士多德说的:"真正的政治家也许是这样一个人,他已然对好进行了专门的研究,因为他的目标是让公民成为好人和守法的人。"③为了教育并改善公民的灵魂,亚里士多德区分了传统政治和真正的政治,这显然是接续了《高尔

(接上页)关于柏拉图《理想国》与《礼法》的关系,参见 Schöpsdau, *Platon. Nomoi (Gesetze) Buch I-III*, pp. 126-131; A. Laks, "The Laws," in C. Rowe & M. Schofield eds., *The Cambridge History of Greek and Roman Political Thought*, Cambridge, 2000, pp. 258-292。

① 参见柏拉图:《高尔吉亚》525b。
② 参见亚里士多德:《尼各马可伦理学》1095b22 ff.。
③ 参见亚里士多德:《尼各马可伦理学》1102a8 ff.,1124b28 ff.。

吉亚》中苏格拉底关于"真正的政治家和真正的政治学"的立场，在那篇对话中，苏格拉底也主张，"真正的政治学"的教育意图只能在一小群学生中实现，因此便规避了传统政治。①

五、菲洛德穆斯

亚里士多德的例子表明，苏格拉底将传统政治转变为哲学性的"真正的政治学"实际上是一个传统的开端，为伊壁鸠鲁主义者旨在提供"真正的安全"的"真正的政治学"提供了蓝图。如果我们考察公元前1世纪的伊壁鸠鲁主义者菲洛德穆斯撰写的《论坦率的批评》(*On Frank Criticism*)，就能很清楚地看到这一点。这部著作是他的老师芝诺在雅典讲课的摘要，菲洛德穆斯参加了这个课程。② 这篇作品很好地说明了伊壁鸠鲁主义"真正的政治学"如何成为一个针对小团体而非城邦中一大群人的教育活动。例如，他讨论了在伊壁鸠鲁主义学派中如何借助 *parrêssia*（言论

---

① 参见柏拉图：《高尔吉亚》485d；另参见 E. Schütrumpf, *Aristoteles: Politik. Buch I*, Berlin, 1991, p. 78。

② 参见菲洛德穆斯：《论言论自由》(*De libertate dicendi*, ed. A. Olivieri, Leipzig, 1914; D. Konstan et. al., eds., *Philodemus: On Frank Criticism*, Atlanta, 1998)；另参见 R. J. Bonner, "Freedom of Speech," in Bonner, *Aspects of Athenian Democracy*, Berkeley, 1933, pp, 67-85; C. E. Glad, "Frank Speech, Flattery, and Friendship in Philodemus," in J. T. Fitzgerald ed., *Friendship, Flattery, and Frankness of Speech: Studies on Friendship in the New Testament World*, Leiden, 1996, pp. 21-59, 尤其是 p. 33; M. Foucault, *Fearless Speech*, Los Angles, 2001。

自由）这个政治概念来传播伊壁鸠鲁主义的学说。① 因此，菲洛德穆斯要求教化、劝诫、改造弟子，同时倡导开放、拒绝隐瞒、争取信任、避免不信任。菲洛德穆斯认为，以 parrhêsia 为基本要素的伊壁鸠鲁主义教育，旨在通过情感的转变和理论的探究来重塑弟子的品格。菲洛德穆斯还提供了哲学讨论的规则，这被证明是有用的，而且有益于追随者的灵魂。同苏格拉底在《斐德罗》中所做的（也在所有其他对话中实践着）一样，伊壁鸠鲁主义者菲洛德穆斯教导我们，诸如鼓励或批评这些教学要素的使用，应当根据对象的具体情况做出相应调整。在我看来很显然，像言论自由、辩驳或修辞，这些政治概念，都被苏格拉底转化成了哲学性的"真正的政治学"，它们现在又被伊壁鸠鲁主义者在"真正的政治学"中继续使用，以便营造出一种在伊壁鸠鲁主义者和苏格拉底看来，传统政治无法提供的"真正的安全"。据此我断定，伊壁鸠鲁主义者关于"传统的"和"真正的"政治的二分可以追溯到柏拉图笔下的苏格拉底，并且也许正是经由亚里士多德传递下去。

---

① 参见 M. Erler, "Parrhesy and Irony: Plato's Socrates and the Epicurean Tradition," in R. A. H. King & D. Schilling eds., *How Should One Live? Comparing Ethics in Ancient China and Greco-Roman Antiquity*, Berlin, 2011, pp. 155-169。

六、奥伊诺安达的第欧根尼：
伊壁鸠鲁学派的政治家

把伊壁鸠鲁刻画成苏格拉底式的政治家，城邦的恩人，正是公元 2 世纪的第欧根尼所追求的目标。第欧根尼生活在利西亚的小镇奥伊诺安达，小镇靠近克桑图斯河（Xanthus），距今天土耳其的安塔利亚（Antalya）不远。第欧根尼在一个公共走廊的墙上篆刻了伊壁鸠鲁主义的铭文，① 这些铭文对于讨论伊壁鸠鲁主义"真正的政治学"很有意义。② 第欧根尼表示，这些铭文彰显了他对社会的恩惠（*euergesia*），体现了他那个小镇"真正的政治"。同时，铭文还告诉我们"真正的政治"在理想社会中扮演的角色，以及它同法律的关系，这些论述都非常接近柏拉图在《理想国》

---

① 参见 M. F. Smith, *Diogenes of Oenoanda: The Epicurean Inscription*, Naples, 1993, 尤其是残篇 3 I.4ff; M. F. Smith, *Supplementum to Diogens of Oinoanda: The Epicurean inscription*, Naples, 2003; 新的残篇收于 J. Hammerstaedt and M. F. Smith, *The Epicurean Inscription of Diogenes of Oinoanda: Ten Years of New Discoveries and Research*, Bonn, 2014。关于残篇的讨论，参见 J. Hammerstaedt, P. M. Morel, R. Güremen eds., *Diogenes of Oinoanda: Epicureanism and Philosophical Debates*, Leuven, 2017. 关于后续的讨论，参见 M. Erler, "Diogenes against Plato: Diogenes' Critique and the Tradition of Epicurean Antiplatonism," in *Diogenes of Oinoanda*, pp. 51-65，尤其是 pp. 59-65。

② 关于碑文的重要性，参见 M. F. Smith, "Foreword: The Importance of Diogenes of Oinoanda," in *Diogenes of Oinoanda*, pp. xi-xvii；对奥伊诺安达的研究，参见 M. Bachmann, "Oinoanda: Research in the City of Diogenes," in *Diogenes of Oinoanda*, pp. 1-28；关于碑文，参见 Hammerstaedt, "The Philosophical Inscription of Diogenes in the Epigraphic Context of Oinoanda," in *Diogenes of Oinoanda*, pp. 29-50。

中所说的。这就说明,与柏拉图一样,伊壁鸠鲁主义者并非像他们哲学上的论敌普鲁塔克以及一些现代学者理解的那样是律法主义者。相反,从铭文中我们看到,伊壁鸠鲁主义者主张某种政治乌托邦,这个乌托邦同柏拉图的"美丽城"非常相似,因为它依赖"真正的政治学",而无需法律。第欧根尼这样解释篆刻这些铭文的原因:①

> 我已到垂暮之年,就年龄而言马上就要离开这个世界了……我决定……现在要去帮助那些健康之人。如果现在只有一个、两个、三个、四个、五个、六个人……处于困境,我会个别地与他们交谈,尽我所能地给予他们最好的忠告。但是由于……怀着对事物错误的观念,大多数人都经受着同样的疾病,就像瘟疫一样……并且,也应当帮助我们的后代……此外,因为对人的爱我们也要帮助来到此地的外邦人,我决定让这廊柱公开传布拯救的药方,这药方是我们都检验过的。

很显然,在第欧根尼看来,大多数人因为对神的恐惧、对死亡的恐惧,以及普遍而言对一切陌生事物的恐惧,对事物的真实本性

---

① 参见残篇 3 II.7 ff.,如未特殊标明,所有残篇的翻译均来自 Smith, *Diogenes of Oenoanda*,本残篇的翻译经过 Hammerstaedt 的修订。

抱有错误的观念，而饱受折磨。① 通过篆刻这些铭文，第欧根尼希望给自己的同胞和全人类恩惠：通过启蒙教育他们，以此作为药物来治疗无知带来的瘟疫：这正是铭文向读者承诺的。从1883年至今，我们已经发现和解读出了299条铭文的残篇，还有更多的内容会被发现。根据记载我们能够推断，这些铭文足有80米长，各个部分加起来有3.5米高，不过至今只有30%的铭文被确定下来。②

第欧根尼纪念碑的考古现场

---

① 残篇 3 IV.4 Smith。
② 关于碑文的最新发现，参见 Hammerstaedt & Smith, *The Epicurean Inscription of Diogenes of Oinoanda*。

与从古城赫库兰尼姆发现的莎草纸一起,这些铭文成为研究后期伊壁鸠鲁主义哲学的重要资料。其中包含一些新的证言、此前不知道的伊壁鸠鲁的信件、格言,以及第欧根尼对伊壁鸠鲁主义学说的大量讨论(至于第欧根尼本人的思想,这些铭文就是我们的全部资料),这些资料极大地丰富了研究伊壁鸠鲁主义的文献。

铭文上下共七行,分为许多章节(下图给出了这个纪念碑的复原图)。最底部的(Ⅰ)是伊壁鸠鲁主义伦理学的概要(残篇28-61),在其中第欧根尼讨论了德性与快乐的益处。往上(Ⅱ)是伊壁鸠鲁主义的物理学(残篇1-27),有关于原子论、认识论、神学、天文学,以及文明起源问题的讨论。之后是第欧根尼和伊壁鸠鲁的文字(残篇97-116)。这部分的铭文字体较小,但正好与读者的视线平行。在伦理学之下,有一行较大的文字记载着伊壁鸠鲁的一些主要准则和格言。这样,不仅在视觉上,而且也在内容上,这几部分构成了基础,给出了第欧根尼关于伊壁鸠鲁主义的论述。在物理学之上的(Ⅲ)载有一些格言和两封书信,分别是第欧根尼写给友人安提帕特(Antipater,残篇62-67)和狄奥尼修斯(Dionysius,残篇68-74或75)的。在此之上的(Ⅳ)又是伊壁鸠鲁和第欧根尼的文字(残篇119-136)。顶部的(Ⅴ)、(Ⅵ)、(Ⅶ)三栏,包括对老年的讨论(《论老年》[*De senectute*],残篇137-179),以及批评人们对年老缺点的通常看法(比如懒散、

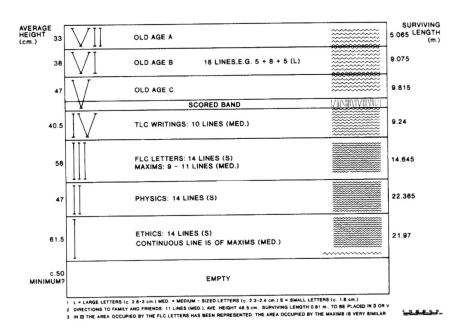

碑文各行内容的复原图

病痛、缺乏快乐、将近死亡等)。

我们在前面提到,第欧根尼的碑文意在教育那些刚接触伊壁鸠鲁主义的开明人士。[①] 同伊壁鸠鲁一样,第欧根尼也把哲学看作工具,能为同胞及来自各地的外邦人所用,而他也把自己视为世界主义者。借由这些铭文,第欧根尼为读者提供了生活的帮助和救治。这种说教的意图从铭文的设计就可以清楚地看出,纪

---

① 残篇 3 Ⅲ.4。

念碑就像一份打开的莎草纸书卷,每一部分写在不同的栏中,有着严格的音节划分。在公共场合展示这些铭文,就像给读者展示了一本记载着伊壁鸠鲁主义学说的大书。

以这种公开的方式展示伊壁鸠鲁的学说,似乎与伊壁鸠鲁主张"过不引人注目的生活"的准则相悖。但事实上,第欧根尼将他的做法视为某种特殊的政治,而非传统政治,这是治疗同胞灵魂的药物,①这样他就澄清了自己与伊壁鸠鲁那个准则之间的关系:

[公民们,]以这样的方式,即使我没有参与公共事务(*prattein*),但通过铭文的内容,就好像我参与了公共事务一样,我致力于证明什么才是有益于所有人本性的东西,那就是没有烦扰,这一点对所有人都是一样的。②

显然,第欧根尼所做的,正是我们期待一个伊壁鸠鲁主义者会做的:将政治用于实践——这正是 *prattesthai*(做)这个词的含义,但他所指的并非传统政治,而是"真正的政治",也就是教会民众伊壁鸠鲁主义的物理学与伦理学。简而言之,第欧根尼在实践

---

① 残篇 3 I.5。
② 残篇 3 I.3。

治疗的哲学，帮助读者治疗无知带来的疾病。① 同时，第欧根尼以这种方式表明，他深谙伊壁鸠鲁主义和其他哲学家的思想。他在铭文中曾多次明确提到柏拉图和苏格拉底，大多数时候当然是在批判他们。但是我想要表明，第欧根尼在讲述伊壁鸠鲁主义的学说时，有一段文本与柏拉图关于法律在理想共同体中扮演角色的讨论非常相似。这段文本属于一组被称为"神学的物理学序列"的残篇（NF 167 + NF 126 + NF 127 + Fr. 20 + NF 182）。② 在其中，第欧根尼论证，只有能正确思考的人才拥有正义，也就是说，只有伊壁鸠鲁主义的智慧者才拥有正义。同时，这段文本还能帮助我们更好地理解伊壁鸠鲁主义者与柏拉图主义者在理想共同体以及法律作用上的论战，就像普鲁塔克在《驳克罗特斯》中描述的那样。我要论证，在讨论伊壁鸠鲁主义者如何生活在一个理想共同体中的问题时，应当考虑第欧根尼关于伊壁鸠鲁主义的智慧者的论述，因为这个理想的共同体没有法律却可以运转良好，只因为其中实行的是苏格拉底－伊壁鸠鲁式的"真正的政治学"。这应当是伊壁鸠鲁主义者对柏拉图理想城邦的回应，也就是说，这

---

① 残篇 3 I.5，3 I.6。关于 *prattein* 这个词表示在政治中发挥作用，参见 Smith, *Diogenes of Oenoanda: The Epicurean Inscription*, p. 438。虽说伊壁鸠鲁主张不要参与公共事务（《名哲言行录》10.119），通过讲述如何过正确的（即伊壁鸠鲁主义的）生活，第欧根尼实际上参与了公共事务。Roskam, *"Live unnoticed,"* pp. 132-144; Erler, "Utopie und Realität," p. 52.

② 参见 Hammerstaedt & Smith, *The Epicurean Inscription of Diogenes of Oinoanda*, pp. 263-270。

是一个伊壁鸠鲁主义的"美丽城"。

我需要给出一个小的提示：这段文本的整个论证①都是在说伊壁鸠鲁主义的神不会伤害人，因为他们存在于人的生活之外，不会干预人的生活，也不会惩恶扬善。第欧根尼深信，对神的恐惧不会影响人过正义的生活，为了证明这一点，他区分了三类不同的人：（1）恶且不正义的人，这类人丝毫不在乎神，更不怕柏拉图所说的来世审判；②（2）普通人，这类人因为害怕法律和惩戒而实行正义（τοὺς δ' αὖ χυδαίους διὰ τοὺς νόμους εἶναι δικαίους）；（3）智慧者，这类人过着正义的生活，但不需要神或法律，因为与需要依靠法律约束的普通人相比，智慧者能够正确地思考。

> 然而，对于那些基于自然理解了这些论证的人来说，他们不是因为神而行正义，而是因为对欲望、痛苦、死亡的本质有正确的理解（因为毫无例外，人们做坏事不是因为恐惧就是因为快乐）。③

---

① 第欧根尼："神学的物理学序列" III.3-IV.5 = NF 167 III + NF 126 I (Hammerstaedt/Smith)。

② 对这段文本的理解参见 J. Hammerstaedt, "Zum Text der epikureischen Inschrift des Diogenes von Oinoands," *Epigraphica Anatolica*, vol. 39 (2006), pp. 1-48，尤其是 p. 21。

③ 第欧根尼："神学的物理学序列" III.7 -IV.5: [τ]ῶν δ' ἄλλων ἀποφαίνομαι τοὺς μὲν φυσικῶν ἁπτομένου<c> λόγων μὴ διὰ τοὺς θεοὺς εἶναι δικαίους, διὰ δὲ τὸ βλέπειν [ὀ]ρθῶς τάς τε ἐπιθυμίας τίν' ἔχουσιν φύσιν κα[ὶ] τὰς ἀληδόνας καὶ τὸν θάνατον (πάντη τε γὰρ πάντως ἢ διὰ φόβον ἢ διὰ ἡδονὰς ἀδικοῦςιν ἄνθρωποι.

最后的这个说法非常有趣，第欧根尼似乎认为，人能够因为正确的思想，也就是伊壁鸠鲁主义的思想，而成为正义之人。在我看来，这个论述非常重要，因为它似乎与古代及现代将伊壁鸠鲁主义者看作律法主义者的理解相悖，实际上，普鲁塔克在他反对伊壁鸠鲁主义的著作《驳克罗特斯》中也预设了这种理解，这一点在《驳克罗特斯》的最后一段表现得尤其明显。

七、普鲁塔克

我们现在就来讨论一下普鲁塔克。在《驳克罗特斯》的末尾，普鲁塔克批评克罗特斯对立法者大加赞赏，因为他们给民众提供了人身安全，带来了灵魂的平静：①

> 那订立法律与习俗，建立由国王和官员统治的城邦的人，将众人从混乱中拯救出来，让他们享受安全与平静的生活。如果有人将这些都夺去，我们就会过上野蛮的生活。

普鲁塔克对此加以驳斥，他认为，如果只能通过服从法律这个好的和正义生活的向导，才能获得幸福，那么这样的生活是不值得

---

① 参见普鲁塔克：《驳克罗特斯》1124d。

真正的哲学家过的。在普鲁塔克看来,如果没有法律加以限制,伊壁鸠鲁主义者就会过得跟野兽相仿,因为他们总是追求快乐,想要满足所有的欲望。① 他反驳道:

> 如果有人取消了法律,让我们只剩下巴门尼德、苏格拉底、赫拉克利特、柏拉图的教导,我们仍不会如野兽般生活,吞食彼此。

显然在普鲁塔克看来,巴门尼德、苏格拉底、赫拉克利特、柏拉图那样的哲学家,并不需要通过法律,来促使人们远离不正义或野兽般的生活。柏拉图的追随者们依照柏拉图的哲学就能过正义的生活。当然,普鲁塔克承认柏拉图写了一些关于法律哲学的书,但他教给学生的哲学本身,是远为重要且更值得尊敬的。②

而今,在读柏拉图的对话时,我们必定会认可普鲁塔克的说法。在《理想国》中,柏拉图旨在证明正义是一种内在的好,因而在柏拉图看来,即使某个人能够作恶且不被发现,他也不会去做,因为作恶会伤害自己的灵魂。③ 柏拉图深信,依照他的学说便能过上安全且幸福的生活。因而,成文法与传统的政治机构

---

① 参见普鲁塔克:《驳克罗特斯》1124d-e。
② 参见普鲁塔克:《驳克罗特斯》1126c。
③ 关于古各斯(Gyges)指环的故事,参见柏拉图:《理想国》359c。

在柏拉图的"美丽城"中几乎没有任何作用。当然，他承认依照其哲学实现的理想共同体是一个乌托邦，但却是个有可能实现的（*euchê*）乌托邦。① 然而柏拉图也深知，并非每个人都能如此坚定地依照他的哲学生活，于是提出了基于规则与法律，且被所有成员接受的共同体概念——马格尼西亚。

让我们来看看普鲁塔克如何反驳克罗特斯的论证，根据克罗特斯的论证，法律对于防止人们如野兽般吞食彼此非常必要。随后我们来看看通过第欧根尼关于伊壁鸠鲁主义的智慧者的说法，如何来理解普鲁塔克的批评。

初看之下，克罗特斯似乎在为一种很强的律法主义辩护。现代学者甚至联想到《理想国》中格劳孔所说的，如果一个人足够强大，那么对他来讲做不义之事就是好的。因为人性总是想要更多（*pleonexia*，或贪婪），在有利可图的时候侵犯他人和行不义是很自然的，尤其在有可能不被发现的时候。② 这也解释了为什么法律有必要保护我们免受那些比我们更强大的人的伤害。然而，法律不应该在我们能够做不义之事的时候，阻止我们这样做。

即使有这些相似之处，第欧根尼的论述与格劳孔在《理想国》中的论述仍然有很大的不同。与格劳孔相反，伊壁鸠鲁并不认

---

① 参见柏拉图：《理想国》450d。
② 参见柏拉图：《理想国》358e-362c，612b。

为侵略性是人的本性，人也不是只想要获得权力或贪婪，在他看来，人所追求的是安全与幸福。① 否则，伊壁鸠鲁的"摇篮论证"，即所有人依据自然都追求快乐，就是无效的了。当然，伊壁鸠鲁主义者承认法律的重要性。但是根据第欧根尼的说法，对伊壁鸠鲁主义者来说，要建立一个让人感到安全和幸福的社会，法律只是次优的途径。② 正如我们在第欧根尼和其他伊壁鸠鲁主义的文本中读到的那样，当谈论普通人和让普通人远离不义时，法律是必要的。克罗特斯说的显然正是这种选择，但是第欧根尼认为，还有更好的选择，或者更好的可能来实现这个目的：即人们完全根据伊壁鸠鲁主义的哲学来生活，完全依照伊壁鸠鲁主义的明智（phronêsis）去行动。这一点早在伊壁鸠鲁的《基本要道》13中就有所提及：

> 如果一个人对天上、地下或是无限的宇宙中发生的事情仍怀有恐惧，那么即使从他人那里得到了安全，也没有任何益处。③

---

① 参见伊壁鸠鲁：《基本要道》6，7，40；P. A. Vander Waerdt, "The Justice of the Epicurean Wise Man," *Classical Quarterly*, vol. 37 (1987), pp. 402-422; P. Mitsis, *Epicurus' Ethical Theory*, Ithaca, 1988, p. 81。

② 参见伊壁鸠鲁：《基本要道》31-33；西塞罗：《论道德目的》1.50-54。

③ Οὐθὲν ὄφελος ἦν τὴν κατ' ἀνθρώπους ἀσφάλειαν κατασκευάζεσθαι τῶν ἄνωθεν ὑπόπτων καθεστώτων καὶ τῶν ὑπὸ γῆς καὶ ἁπλῶς τῶν ἐν τῷ ἀπείρῳ.

伊壁鸠鲁在此想要表达的显然是，法律无法使我们远离内心的恐惧，因为这种恐惧由于对自然现象的无知而生，比如对死亡与痛苦的无知。伊壁鸠鲁主义者深信：当一个人做了恶，他永远无法确定自己的恶行不会被发现。这种不确定性产生了内心的不安，而只有通过理性（phronêsis，明智）的考量意识到作恶是不好的，才能避免产生这种不安。也就是说，只有理性才能让人免于不幸。在面对那些令人不安的现象时，这种说法仍然适用。这种情况也同样需要理性的考量。真正的安全只有通过伊壁鸠鲁主义的物理学才能获得：①

> 如果一个人无法理解整个自然，而是惧怕那些神话故事的内容，就无法消除对最重要的事情的恐惧。因而，**没有对自然的研究**［即物理学］**就无法享受纯粹的快乐**。②

即使城墙、公共机构或法律能保障人的生命安全，如果无法完全理解与人有关的那些现象，诸如死亡与痛苦，人们仍会因此心生恐惧。在这个意义上，伊壁鸠鲁主义的自然科学便能为我们提供

---

① 伊壁鸠鲁：《基本要道》12。
② Οὐκ ἦν τὸ φοβούμενον λύειν ὑπὲρ τῶν κυριωτάτων μὴ κατειδότα τίς ἡ τοῦ σύμπαντος φύσις, ἀλλ' ὑποπτευόμενόν τι τῶν κατὰ τοὺς μύθους· ὥστε οὐκ ἦν ἄνευ φυσιολογίας ἀκεραίους τὰς ἡδονὰς ἀπολαμβάνειν.

保障，因而是必要的。伊壁鸠鲁主义者赫尔马库斯（Hermarchus，公元前325—前250年）认为，如果所有人都能够认识到正义的好处，那就不需要法律了。① 在本章的第一部分我也论证过，伊壁鸠鲁主义者深信，为了获得安全与幸福，依靠他们的哲学是可能且必要的。从第欧根尼那里我们得知，一个基于法律的社会只是次优方案，是从普通人的角度出发提出的方案。这正是第欧根尼在铭文中说的，其重要性体现在三个方面。

首先，伊壁鸠鲁主义者并非彻底的律法主义者。他们像柏拉图那样，只在从普通人的角度考虑时才接受律法主义。柏拉图所描述的"美丽城"实行的是苏格拉底式的真正的政治学，不需要法律就能让人们过上幸福的生活。柏拉图也承认，法律对于普通人来说是必要的。因而他设想了一个以法律为基石的城邦马格尼西亚。我们看到，伊壁鸠鲁同样也设想了一个乌托邦社会，或者说是伊壁鸠鲁主义的"美丽城"，正如第欧根尼在残篇56中所描述的："不需要设防，所有人都拥有幸福。"② 也就是说，在政治乌托邦的意义上，柏拉图和伊壁鸠鲁都不是律法主义者。当然，与柏拉图不同，伊壁鸠鲁不会认为正义是一种内在的好，或者说

---

① 参见残篇 34.8.4。

② 参见 A.A. Long, "Pleasure and Social Utiliy: The Virtues of Being Epicurean," in *Aspects de la Philosophie hellénistique*, Genéve, 1986, pp. 283-316, 尤其 pp. 300-316。

因其自身而值得选择。①对伊壁鸠鲁主义者来说，正义因其产生的结果而有价值，而这种观点是柏拉图在《理想国》中反对的。同时，他们关于哲学应当是什么的看法也截然不同。但这些差异并不能让我们忽略，二者都坚信，依照他们的哲学便能幸福且安全地生活在一个不需要法律的共同体之中。

其次，第欧根尼的论述也帮助我们认识了普鲁塔克的论证策略。很显然，在反对克罗特斯的论述中，他忽略了"美丽城"这一点，也只有这样他才能把伊壁鸠鲁主义者变成律法主义者，并批评他们。第欧根尼关于伊壁鸠鲁主义智慧者的描述，能防止我们将克罗特斯的论述与其语境脱离，从而避免像普鲁塔克和现代学者那样将伊壁鸠鲁主义者视为律法主义者。第欧根尼使我们认识到，即便有很多不同，在某些方面伊壁鸠鲁主义者与柏拉图的相似之处，远比那些来自柏拉图主义的反对者想让我们看到的更多。第欧根尼的残篇不仅展示了伊壁鸠鲁主义的政治思想，同时也让我们更清楚普鲁塔克及现代学者将伊壁鸠鲁主义者作为律法主义者的论证方式。而事实上，和柏拉图一样，伊壁鸠鲁也是一个反律法主义的乌托邦主义者。

这就引出了我的最后一个观点，也是本章开头提到的观点：和柏拉图在《理想国》中所描绘的乌托邦"美丽城"一样，伊壁

---

① 参见伊壁鸠鲁：《基本要道》31，33。

鸠鲁主义的乌托邦中也不存在法律，而是基于智慧者的哲学知识和政治实践，也就是苏格拉底所说的"真正的政治学"。我们已经证明了，这种实践"真正的政治"而非传统政治的观点，可以追溯到柏拉图，同时也为亚里士多德所接受，并成为伊壁鸠鲁及伊壁鸠鲁主义者进行政治思考的背景。我们还了解了，即使在罗马帝国时期，伊壁鸠鲁主义者第欧根尼不仅接受了这一传统，更是建造了一座纪念碑，在上面篆刻铭文来阐述实践"苏格拉底－伊壁鸠鲁式的真正的政治学"到底意味着什么。

第四章　治疗的神学：伊壁鸠鲁对传统宗教实践的转化

一、治疗的神学

伊壁鸠鲁的世界是物质的，以机械的方式运转，这就排除了对任何神圣力量或造物主的需要。①伊壁鸠鲁主义伦理学奠基于对人性的理解，因此对行为的解释也不用依赖任何神圣的价值或标准。但另一方面，伊壁鸠鲁主义哲学实际上承认神的存在，并且包含一些传统的宗教元素。②因为伊壁鸠鲁意识到，事实上每个人都在某种程度上认可神（多神或一神）的存在。基于共识的信念在伊壁鸠鲁的认识论中有重要意义。从这一普遍共识（*consensus omnium*）出发，与将神理解为至福的、不朽的存在的基本信念（*prolepsis*）一起，伊壁鸠鲁认为必须接受神的存在，

---

① 参见 P. M. Morel, "Epicurean Atomism," in *The Cambridge Companion to Epicureanism*, pp. 65-83。

② 参见 J. Warren, "Removing Fear," in *The Cambridge Companion to Epicureanism*, pp. 235-248, 尤其是 pp. 238-242。

要"根据人们关于神的共识,相信神是不朽的、至福的存在"。①神的愤怒、烦扰、信念等等,都是某种缺陷的表现,从而与神的至福本质不相容。②

这种立场给伊壁鸠鲁带来了很多麻烦,让他遭到了很多批评,就像他关于人的灵魂是有朽的和所有人都追求快乐的观点一样。伊壁鸠鲁的神学被诟病的原因主要有两点:首先,人们很难在一个唯物主义的语境下接受神的存在,更别说要相信这些神是至福的或是不可毁灭的。因为人们很难理解,在原子论体系中,不可毁灭是如何可能的。第二个方面争议更大,伊壁鸠鲁认为神的确存在,但是他们存在于世界与世界之间的空间(intermundia),在人的生活之外,不会干涉我们的世界,也不关心我们。

显然,这与传统荷马式的宗教的本质特征矛盾。在荷马的世界里,神喜欢做的事情正是伊壁鸠鲁拒绝接受的:在多个方面干预人类事务。比如,宙斯经常会诱惑年轻的女子,和她们生下孩子,比如赫拉克勒斯(Heracles)、忒修斯(Theseus)。荷马史诗、早期抒情诗、戏剧等都有很多关于诸神与人间女子和他们孩子的故事。在荷马式的宗教传统中,与神取得联系是所有宗教仪式的基础,这些仪式甚至被柏拉图称为"商业或交换活动"(《游叙弗

---

① 伊壁鸠鲁:《致梅瑙凯的信》123。
② 参见伊壁鸠鲁:《基本要道》1。

第四章 治疗的神学：伊壁鸠鲁对传统宗教实践的转化

伦》），或者说"以物易物"（*do ut des*）。① 根据这种看法，当人们向神祈祷或献祭时，会期待得到神的回应和帮助。因此伊壁鸠鲁认为神不会干涉人类事务的观点，必然会被指责为打破了传统宗教观念。更严重的是，伊壁鸠鲁一方面认为神离我们很远，另一方面又鼓励他的追随者参与传统宗教仪式，因为在他看来，参与这种仪式有利于过良好的生活。②

当然，人们会问，如果神不干涉人类事务，伊壁鸠鲁想从神那里得到什么帮助呢？一些人甚至认为，伊壁鸠鲁的神学中存在内在的不一致，而这可能是他对自己的神学观念没有信心的表现。伊壁鸠鲁的反对者问道：如果从神那里不可能得到回应，更不用说在困难时从神那里得到帮助，那么向神祈祷又有什么意义呢？伊壁鸠鲁被尊为拯救者，伊壁鸠鲁主义者也会在他们的哲学著作中使用宗教语言，③ 所有这些都令人费解，从古至今一直困扰着读者。但我认为，如果我们从伊壁鸠鲁主义治疗哲学的角度来看，这一切都是合理的。我会论证，伊壁鸠鲁接受了传统宗教的一些元素，并根据自己的哲学对它们进行改造和转化，从而使它们成为治疗哲学的组成部分。也就是说，传统神学被转化为一

---

① 参见柏拉图：《游叙弗伦》14e。
② 参见 D. Obbink, *Philodemus: On Piety*, vol. 1, Oxford 1996, pp. 10-12。
③ 参见 M. Erler, "Epikureismus als Orakelphilosophie. Orakel und Mantik in der hellenistischen Philosophie," in M. Witte ed., *Orakel und Gebete*, Tübingen, 2009, pp. 53-66。

种"治疗的神学"(theologia medicans),这就是为什么伊壁鸠鲁并不像那个时代的多数人一样,认为神离我们很远是一件坏事。相反,他认为,神离我们很远这个信念能够帮助我们过幸福的生活。我想说明的是,在这个背景下,像祈祷这样的传统宗教实践,在伊壁鸠鲁主义这里是合理的。因为祈祷从对神的诉说转变成了对神的沉思、对自我存在的沉思。在这个意义上,祈祷活动真正的接受者并不是神,而是祈祷者自己。① 为了证明这一点,我会先讨论卢克莱修《物性论》开篇对维纳斯的著名祈祷。我会说明,在卢克莱修那里,这种伊壁鸠鲁主义的祈祷如何变成伊壁鸠鲁主义治疗神学的一部分,从而帮助人们过上良好的生活。最后,我会讨论伊壁鸠鲁将祈祷转化为治疗的做法产生的影响。这种转变在后来的非伊壁鸠鲁主义语境下也被接受,并融入到古代晚期柏拉图主义的哲学教育中,甚至从此开始成为重要的教育方式,这一点在当代心理学中也有所体现。

二、神的存在

多数学者都同意,伊壁鸠鲁主义者相信神存在,并且相信神

---

① 参见 M. Erler, "Physics and Therapy: Meditative Elements in Lucretius' *De rerum natura*," in K.A. Algra et al. eds., *Lucretius and his Intellectual Background*, Amsterdam, 1997, pp. 79-92, 尤其是 pp. 88-92。

是存在的基本组成部分。这就意味着，与一些批评者所说的不同，伊壁鸠鲁主义者并不是无神论者。① 伊壁鸠鲁主义者反对无神论，甚至认为无神论者都是疯子。② 事实上，伊壁鸠鲁认为神是不可毁灭的，生活在世界之间的空间（*metakosmia, intermundia*），并由精细的质料组成，这些精细的质料无法被感官感知，就像原子和虚空一样无法被感知，但这些精细的质料能够被灵魂和理性感知。也就是说，在伊壁鸠鲁看来，神会在我们的灵魂中显现。③ 但神在我们灵魂中的显现可能对我们有益，也可能对我们有害。伊壁鸠鲁说道：

> 首先，**根据我们关于神的通常观念**，要相信神是不朽的、至福的存在；因此，我们关于神的观念，不应该与他的不朽或至福本质冲突，而应该相信所有符合他的至福和不朽本质的观念。④

当然，伊壁鸠鲁主义关于神的概念存在很多问题。比如，有人会

---

① 参见西塞罗在《论神性》1.44.123 中提到的波西多尼乌斯的立场（= 残篇 22a Edelstein/Kidd = 残篇 346 Theiler: "*Epicurus re tollit [...] deos*"）；在希伯来语中，表示"异教徒"的词就是 *Epikoros*（or *Apikoros*）。

② 参见 Obbink, *Philodemus: On Piety*, pp. 1-23。

③ 参见 Obbink, *Philodemus: On Piety*, p. 306 f.。

④ 伊壁鸠鲁：《致梅瑙凯的信》123。

问，不朽的神如何与伊壁鸠鲁的原子论体系兼容？如果所有复合物最终都会消解，从而产生新的东西，那么不朽的神似乎就是这条原则的例外。① 另一方面，从荷马开始，人们相信神是至福和不朽的，宙斯生育了至福的、不朽的神。② 因此，在伊壁鸠鲁主义物理学和传统宗教信仰之间似乎存在冲突。基于伊壁鸠鲁主义的认识论，流行观念有着重要意义，应当被作为某种真理接受下来。③ 而在上面那段话中，伊壁鸠鲁说流行观念认为，神是不朽的、至福的，那么这两点就必然是神的本质特征。因此，人们试图结合伊壁鸠鲁主义这两方面的观点，即原子论物理学和神学。值得一提的是，即使在荷马那里，神的不朽性也存在问题。因为《荷马》中的很多神都被描述为"生出的"，在古希腊史诗和抒情诗中能够找到很多关于神出生的故事，但所有神都被认为是不死的（*athanatoi*），或永恒存在的（*aei eontes*）。说神是"不死的"可能没有太大问题：可以想象神出生后便永远活着。但同时说神"永恒存在"就有问题了，这也是为什么荷马式的"不朽"

---

① 参见西塞罗：《论神性》1.68。
② 参见《伊利亚特》Il.24.99。
③ 参见 D. Obbink, "What All Men Believe Must Be True: Common Conceptions and *Consensio omnium* in Aristotle and Hellenistic Philosophy," *Oxford Studies of Ancient Philosophy*, vol. 10 (1992), pp. 193-231；西塞罗：《论神性》1.43 ff.; E. Asmis, "Epicurean Empiricism," in *The Cambridge Companion to Epicureanism*, pp. 84-104。

第四章 治疗的神学：伊壁鸠鲁对传统宗教实践的转化

概念被早期哲学家认为自相矛盾，并因此被广泛讨论。① 但普通人对这个信念并没有太多疑问，因而，当伊壁鸠鲁将普通人的观念作为真理的基础时，关于神的不朽性与他的原子论体系如何协调的问题，就没有那么突出了。当然，从哲学的角度看依然存在问题。

这也是为什么一些当代学者认为，伊壁鸠鲁并不真的相信神存在。他们认为，关于神的"实在论"解释是后来的概念，而对伊壁鸠鲁来说，神只存在于由人构建的思维领域。② 这种观点虽然看上去很有吸引力，但是缺乏说服力。认为神只是思想的投射或者"观念论"的看法与伊壁鸠鲁主义者维莱乌斯（Velleius）在西塞罗《论神性》中所说的矛盾，维莱乌斯认为构成神的不是血与肉，而是 *quasi sanguis*（被说成是血的东西）和 *quasi corpus*（被

---

① 参见《奥德赛》5.7，8.306，12.371，12.377；赫西俄德：《神谱》21，33，105。关于神是生出来的，参见荷马：《颂诗》4.225 ff.；另参见 M. Erler, "Praesens divinum. Mythische und historische Zeit in der griechischen Literatur," in M. Janka and C. Schäfer eds., *Platon als Mythologe*, Darmstadt, 2002, pp. 81-98, 尤其是 p. 84 f.；克塞诺芬尼（Xenophanes）认为，相信神有出生和死亡是错误的（残篇 218, 14）。

② 参见 Long and Sedley, *The Hellenistic Philosophers*, vol. 1, p. 147；关于"观念论"和"实在论"的争论，支持"观念论"的包括：D. Sedley, "Epicurus' Theological Innatism," in J. Fish ed., *Epicurus and the Epicurean Tradition*, Cambridge, 2011, pp. 29-52 以及 D. Konstan, "Epicurus on the Gods," in J. Fish ed., *Epicurus and the Epicurean Tradition*, pp. 53-71; T. O'Keefe, *Epicureanism*, Durham, 2010, pp. 155-162；反对"观念论"的包括：M. Erler, "Epikur – Die Schule Epikurs – Lukrez," p. 151 f.；H. Essler, *Glückselig und unsterblich. Epikureische Theologie bei Cicero und Philodem*, Basel, 2011, pp. 344-353。

说成是肉的东西)。①

这就意味着,神并不只是存在于人的思维中,西塞罗的文本中没有任何内容表明神是人思想里的幻象(eidôla)。更有说服力的是最近发现的一个文本,其中描述了神生活在世界之间(intermundia),那才是神真正的庙宇和殿堂。②也就是说,伊壁鸠鲁主义的文本将神描述为活着的、有肉体的生命,而不只是观念性的存在。因此,伊壁鸠鲁主义者反对认为神只是我们思维中的概念。这种观念性的阐释,实际上更像是沿袭了当代笛卡尔和康德主义关于孤立的自我,或者关于感知及其可能性的主张。19世纪第一个将神描述为"灵魂中的投射"的人,是康德主义者,这绝非偶然。③但我并没有否认,从哲学的角度来看,不朽的神在原子论体系里是有问题的,我只是想再次强调,人们关于神的传统概念,被伊壁鸠鲁主义者当作神存在的证明,即使他们被认为是有生无死。

---

① 参见西塞罗:《论神性》1.49; 另参见 K. Sander, "Cicero 'De Natura Deorum' 1.48-9. Quasi corpus?," *Mnemosyne*, vol. 57 (2004), pp. 215-218 以及 H. Essler, "Cicero's Use and Abuse of Epicurean Theology," in J. Fish ed., *Epicurus and the Epicurean Tradition*, pp. 129-151 (关于神在人的思想中投射影像的好处)。

② 参见最新发现的菲洛德穆斯的作品: *On the Gods* III.8-10 ed. H. Essler, in *Glückselig und unsterblich. Epikureische Theologie bei Cicero und Philodem*, pp. 246-263。

③ 参见康德主义者 F. A. Lange, *Geschichte des Materialismus und Kritik seiner Bedeutung in der Gegenwart*, Bd. 1, Iserlohn, 1873, p. 76 f.。

三、遥远的神和对他们的崇拜

从古代开始就一直困扰着阐释者的，不只是如何在原子论体系中解释神的不可毁灭，还有神过着至福且遥远的生活。当然，神过着至福的生活，这与普通大众从荷马那里了解的相符。那么他们过着遥远的生活呢？在伊壁鸠鲁看来，神享有伊壁鸠鲁主义关于至福和平静的概念，因此也就排除掉了神会参与人类事务和现象世界的可能性，否则就会威胁到神的至福本质。[①] 这些对神的描述会令人吃惊，因为干预人类事务是传统荷马式的诸神一直在做的事情。可以回想一下荷马描述的关于宙斯、赫拉、雅典娜的精彩故事，这些神都干涉了人类事务。荷马的史诗有很多这样的故事，如果去看索福克勒斯的戏剧《埃阿斯》（*Ajas*），或是欧里庇得斯的《希波吕托斯》（*Hippolytus*）就会发现，在希腊戏剧中也是这样。《埃阿斯》描述了雅典娜让埃阿斯陷入疯狂，《希波吕托斯》中讲述了阿佛洛狄忒和阿尔忒弥斯就她们对希波吕托斯及其命运的影响而争吵。人们期待神对人类事务的参与，有时人会希望他们干预，也会害怕他们干预。而伊壁鸠鲁否定的，正是古希腊宗教和文学的这个基本特征。就像他在《基本要道》第1条中说的，至福和永恒的存在既不会遇到麻烦，也不会

---

① 参见伊壁鸠鲁：《致梅瑙凯的信》123 f.；卢克莱修：《物性论》6.68 ff.。

给其他存在带来麻烦。伊壁鸠鲁深信，荷马以及希腊悲剧中描述的神的行为，不符合神的至福本质。在他看来，神不可能感到愤怒，不可能被人的祈祷或献祭感动或说服，也不可能给其他存在带来麻烦。因此，伊壁鸠鲁主义的神没有情感波动，因为这种波动就是一种缺陷，与神的完善性不符。显然，伊壁鸠鲁只接受那些能够被归于神的特征，以及那些与神的至福概念相符的特征。这就是为什么他排除了神是世界的创造者，① 以及神会关心他创造的世界。在伊壁鸠鲁看来，没有神会创造像我们所处的世界这样的一个不完美的东西。初看之下，伊壁鸠鲁的观点似乎是革命性的，与普通大众的信念冲突。但实际上，伊壁鸠鲁这里也只是借鉴了当时存在的一种心态，公元前5世纪以后的一些文本证实了这点。比如，欧里庇得斯的悲剧中对祈祷和崇拜活动提出了质疑，因为神似乎根本不关心人类，我们甚至能看到一些类似伊壁鸠鲁主义者使用过的论证。例如，为了解释为什么神不关心现象世界，伊壁鸠鲁主义者提到生物的多样性（*poikilia*）。② 这种多样性一方面被称赞为世界美好的特征，并成为卢克莱修《物性论》

---

① 自然（*physis*）在伊壁鸠鲁主义文本中很少被用于表达施动者，参见 M. Erler, "Diogenes against Plato: Diogenes' Critique and the Tradition of Epicurean Antiplatonism," pp. 51-65，尤其是 p. 57 f.。

② 卢克莱修因为现象世界的多样性而称赞大地母亲，参见卢克莱修：《物性论》2.667 f.；多样性（*varietas*）在卢克莱修的诗中的确是个积极的主导动机。

的一个主导动机。但另一方面，它也被用来反驳那些认为神应当并且能够关心世界上一切人和事的观点。卢克莱修指出了这个问题，并认为：

> 如果坚持这些信念（即现象世界的多样性），那么**自然就是完全自由的，在她之上没有骄傲的主人**（即诸神），她根据自身做所有事情，不需要任何神的帮助。①

也就是说，世界的丰富多样性和世界的美可能会成为神的弱点，就像卢克莱修说的：

> 有谁能够强大到可以统治无边无际的宇宙，谁能掌控无底深渊的缰绳？②

因为这个论证而认为神离我们很遥远，这种观点甚至在伊壁鸠鲁之前的非哲学领域也有所流行。希腊化时代的喜剧作家米南德（Menander），作品多创作于公元前4世纪下半叶，他的喜剧《公断》(*Epitrepontes*)中的一个人物就表达了同样的观点。在这部剧中，一个叫奥尼西莫斯（Onesimos）的人解释了为什么神没有

---

① 卢克莱修：《物性论》2.1090 ff.。

② 卢克莱修：《物性论》2.1090 ff.。

时间关心每个人。他的论证跟卢克莱修所说的非常相似:

> [奥尼西莫斯:]斯米克林尼斯(Smikrines),你认为神有时间每天给每个人分配他的善恶吗?
>
> [斯米克林尼斯:]你说的是什么意思?
>
> [奥尼西莫斯:]我来解释,世界上大约有一千个城镇,每个城镇有大约三万居民。难道每个人都能够被神诅咒或是守护吗?荒谬!这样会使他们(的生活)成为一件苦差事。你会问,他们就不照顾我们了吗?他们(被认为)是每个人的守护者,是每个人的品性所在。①

这段话被称为"当时流行的哲学观点的繁琐表达"。② 这种观点在米南德的时代的确广泛传播,这背后蕴含的观点听起来很像伊壁鸠鲁主义,即认为神不会关心人,因为那样一来他们的生活会变得劳累。③ 但是我们已经说过,这段话其实没有任何伊壁鸠鲁主义的成分,因为神不关心人、不会听那些祈祷之类观念,早在公元前5世纪的悲剧中就出现了。

我们再一次看到,伊壁鸠鲁主义者借用了流行观点,并将它

---

① 米南德:《公断》1084 ff.。
② W. G. Arnott ed. and trans. *Menander*, Cambridge (MA), 1979, p. 512。
③ 参见西塞罗:《论神性》1.52。

转化为哲学论证，从而纳入到他们的哲学之中。① 在这个背景下，伊壁鸠鲁的一项重要创新就变得更为明显。所有非哲学领域提到这种观点时都是将它当作大众激烈谴责的对象：根据通常的观念，神远离人是件值得哀叹的事情。显然，伊壁鸠鲁虽然接受了神远离人这种流行的看法，来证明神对人漠不关心，但他有着不同的目的，因为他并没有用现象世界的多样性作为论证来解释一个应该谴责的事情——神远离我们，而是用神远离我们来论证一种人们应该感到高兴的处境：神远离我们，并不关心每个人，这些都是我们不用害怕神的理由。也就是说，伊壁鸠鲁又一次将一种传统观点转化为治疗方法，用于支持他治疗哲学的一个重要原则。因为这种观点有助于消除人对神的焦虑，这种焦虑由对神的错误信念产生，即错误地相信神会干涉人类事务，而这种信念常常会导致错误或不当的行为。卢克莱修在《物性论》第一卷中就提供了一个著名例子：他提到了国王阿伽门农的故事。阿尔忒弥斯因为对阿伽门农生气而止住了风，使得阿伽门农无法从哈尔基斯（Chalkis）启航。先知指出，只有阿伽门农献祭他的女儿伊菲革涅亚（Iphigeneia），阿尔忒弥斯才会改变主意。卢克莱修说，

---

① 参见伊壁鸠鲁：《论自然》14 col. 40, 1-17 Leone（G. Leone, "Epicuro ,Della natura' libro XV," in *Cronache Ercolanesi*, vol. 14 [1984], 17-107）；关于在伊壁鸠鲁本人那里以及伊壁鸠鲁主义传统中权威与自主的关系，参见 M. Erler, "Autodidact and Student," in J. Fish and K.R. Sanders eds., *Epicurus and the Epicurean Tradition*, Cambridge, 2011, pp. 9-28，尤其是 p. 21 f.。

如果当时阿伽门农知道神不会控制世界,不会控制奥里斯(Aulis)港的风,对祭品也没有兴趣,也就是说,如果他了解伊壁鸠鲁主义的学说,那么阿伽门农就不会残忍地杀害自己的女儿伊菲革涅亚。①

四、对崇拜活动的推崇(《论虔诚》)

但显然,一些问题依旧存在:如果伊壁鸠鲁主义者因为神的至福本质而认为神离我们很远,并且认为这是一件好事,是值得高兴的,那为什么伊壁鸠鲁仍然建议人们遵从传统宗教法规,参与传统宗教崇拜活动,参加传统仪式,比如祈祷。就像菲洛德穆斯在《论虔诚》中指出的:

> 此外,伊壁鸠鲁似乎虔诚地参与了所有形式的崇拜活动,并且要求他的朋友们也参与,不仅是因为法律的规定,还出于自然的原因。因为在《论生命的进程》(*On Life Courses*)中他说,**祈祷对我们来说是很自然的**,并不是因为如果我们不祈祷,神就会与我们为敌,而是因为通过了解在力量和卓越方面都超然的存在,我们能够认识到自己的完

---

① 参见卢克莱修:《物性论》1.80-101。

善,以及社会对法律的遵守程度。①

的确,很多宗教活动(包括祭祀、祈祷、发誓、虔敬或节庆)都被伊壁鸠鲁主义者当作人类文化历史的自然产物。但人们依然会问:如果神不会干预世界,那么人就不应该跟神沟通,不应该期待从神那里获得什么,不应该认为宗教活动是有用的。这些宗教活动似乎与伊壁鸠鲁主义反对神意存在的观点相矛盾,甚至像是对宗教活动的虚假戏仿。因此,伊壁鸠鲁的主张受到了敌人的指责。人们批评他虚伪、投机,只想讨好民众。古代和现代的阐释者也都谴责他的哲学体系在这个问题上存在矛盾。因为的确有证据表明,伊壁鸠鲁主义者确实会对着雕像祈祷。② 普鲁塔克就曾公开指责伊壁鸠鲁主义者的虚伪:

> 根据这种学说,生命和生物都被废除了,因为在他们的理论中,最原始的元素是虚空,是冷漠的、不存在神的……他们又如何给事物的本性,给灵魂、生物留下空间呢?就像他们的发誓、祈祷、祭祀、崇拜等活动一样:用言语、文字,通过肯定、假装,通过他们抛弃的关于事物的基本原则

---

① 参见菲洛德穆斯:《论虔诚》730-750 Obbink(Obbink, *Philodemus: On Piety*, p. 157)。
② 参见 Obbink, *Philodemus: On Piety*, p. 397;Origenes Cels. 7, 66 = 伊壁鸠鲁:残篇 390 Usener。

和信念来称谓那些事物。①

的确,伊壁鸠鲁关于虔诚地参与各种宗教活动的哲学主张,以及他对大众相信神意存在,相信"神和人之间存在交换关系"的批评,看起来似乎是矛盾的。然而,要批评伊壁鸠鲁主义者自相矛盾,就必须预设伊壁鸠鲁主义者推崇以传统方式理解崇拜和祈祷活动。但这就意味着我们要忽视始于公元前5世纪在宗教方面发生的变化,这种变化从智者开始,由柏拉图推进,最终由伊壁鸠鲁彻底完成:在崇拜以及一般的宗教语境中,人们通常都是强调崇拜者的重要性。② 在希腊化时代的神学中,宗教活动的焦点从作为接受者的神转向了作为崇拜者的人,人被认为能够分有神性或是与神性一致,不论神是否愿意或者是否能够关心每个人。这样,神失去了主动的意义,而被认为是规范性的目标,神的存在是为了能够被人模仿。对柏拉图来说是这样,对伊壁鸠鲁主义者更是如此。③ 这两种哲学思想都合理地改造了传统的宗

---

① 普鲁塔克:《驳克罗特斯》1112c;另参见 Obbink, *Philodemus: On Piety*, p. 157, p. 397;这段话没有出现在 Usener 编辑的残篇中。

② 参见 Obbink, *Philodemus: On Piety*, p. 9。

③ 参见 M. Erler, "Epicurus as *deus mortalis*"; W. Fauth, "Divus Epicurus. Zur Problemgeschichte philosophischer Religiosität bei Lukrez," in H. Temporini ed., *Aufstieg und Niedergang der Römischen Welt*, vol. 1.4, Berlin, 1973, pp. 205-225; W. Schmid, "Götter und Menschen in der Theologie Epikurs," *Rheinisches Museum*, 94 (1951), pp. 97-156; M. Baltes, "Nachfolge Epikurs. Imitatio Epicuri," in *ΕΠΙΝΟΗΜΑΤΑ. Kleine Schriften zur antiken Philosophie und homerischen Dichtung*, pp. 111-133。

教崇拜活动，而不是直接将它抛弃，更强调人的自主性。在这两种哲学思想中，对崇拜和其他宗教活动理解的创新之处包括两方面：首先，崇拜活动的焦点从神转向了崇拜者；其次，对宗教活动（比如祈祷）的目的有了新的理解。①

虽说伊壁鸠鲁主义者赋予了神新的属性（比如遥远），但他们并不认为这降低了传统崇拜的虔诚，反而认为这是一种激励，激发了进行那些仪式时更深层的心理维度。

我们已经指出，神学是伊壁鸠鲁哲学的重要组成部分，就像构成他的实践伦理学的其他部分一样。为了完全消除对神的恐惧，必须拥有关于神的正确观念，否则人们又会回到迷信状态，回到焦虑和不幸的状态。这就是为什么卢克莱修说：

> 除非你把所有这些错误观念都从心灵中清除，并远离那些不配用于神、不符合他们宁静本性的思想，否则他们圣洁的神性就会受到你的伤害，这往往也会伤害你；并不是因为

---

① 参见 M. Erler, "Selbstfindung im Gebet. Integration eines Elementes epikureischer Theologie in den Platonismus der Spätantike," in K.-H. Stanzel and Th.A. Szlezák eds., *Platonisches Philosophieren*, Hildesheim, 2001, pp. 155-171。关于对伊壁鸠鲁主义者来说，典范的重要性，参见 B. Frischer, *The Sculpted Word: Epicureanism and Philosophical Recruitment in Ancient Greece*, Berkeley, 1982; M. Erler, "Einübung und Anverwandlung. Reflexe mündlicher Meditationstechnik in philosophischer Literatur der Kaiserzeit," in W. Kullmann ed., *Gattungen wissenschaftlicher Literatur in der Antike*, Tübingen, 1998, pp. 361-381。

至高无上的神能够被侮辱,然后在强烈的愤怒中渴望复仇,而是因为**你自己会想象,那些生活在平静中的神汇集了巨大的愤怒**,你无法以平静的心接近他们的庙宇,你没有能力以平静的灵魂去接受,那从神圣的身体发出而到达人的灵魂的形象。①

也就是说,在卢克莱修或者一般的伊壁鸠鲁主义者看来,即使神不会回应我们的崇拜活动,即使他们不关心我们,但是只要人们怀着正确的观念接近神,也就是**接受他们不关心我们这个事实**,那么进行崇拜活动依然是有价值的。这样,崇拜就是合理的,因为接近神意味着对神进行反思,反思他们真正的样子,以及他们与世界真正的联系。伊壁鸠鲁主义者认为,这种反思会让崇拜者了解神的真正本质,并让他们知道没有必要害怕神。一旦明白了这一点,崇拜者就会从对神的崇拜活动中获益,他们会因此拥有良好的品格,这对于幸福生活大有帮助。

菲洛德穆斯在《论虔诚》中证实了这一点,他在其中强调了崇拜者灵魂状态的重要性,并说道:"每一个智慧之人都对神保有纯净和圣洁的信仰,并知道这种本质是伟大而高贵的。"② 菲洛德

---

① 卢克莱修:《物性论》6.68-78。
② 菲洛德穆斯:《论虔诚》27.762 ff.。

穆斯认为，这就是对伊壁鸠鲁主义虔诚者的描述：

> 虔诚的人，即那些坚持所有我们关于神的信仰，同时葆有神的不朽和完美的至福本质的人。①

从这些例子中我们清楚地看到，伊壁鸠鲁主义的虔诚概念关注"怀着对神的正确观念"，即不要认为神会关心人类事务，② 柏拉图和特奥弗拉斯托斯（Theophrastus）也强调过这一点。对伊壁鸠鲁主义者来说，崇拜活动本身没有错，错误只在于崇拜活动的动机。虔诚在于平静地沉思神本身，这反过来有助于我们灵魂的平静（ataraxia），因为神为我们提供了一个完美的范例，这本身就会产生最大的快乐。③ 因此卢克莱修认为，虔诚并不在于"经常把头蒙住……而在于能够以平静的心灵观看万物"。④

关注对神的正确理解有时被认为是伊壁鸠鲁的创新，但实际上这种观点可以追溯至柏拉图。在柏拉图的《礼法》中，他要求所有人持有关于神的正确观念。参与对话的那个雅典客人认为，进行祭祀活动和与神交流有助于幸福生活（716d）。他紧接着补充

---

① 菲洛德穆斯：《论虔诚》40.1138 ff.。
② 参见 Obbink, *Philodemus: On Piety*, p. 486.。
③ 参见西塞罗：《论神性》1.49；卢克莱修：《物性论》6.68-79；伊壁鸠鲁：《致梅瑙凯的信》123 f.。
④ 卢克莱修：《物性论》5.1198 ff.。

说，这只有在人们持有良好且纯洁的观念时才成立（716e）。柏拉图强调了对神的正确理解与幸福之间的关系（716d-e）。① 我们发现，其中出现了对宗教活动的一种新的理解，莫罗（Morrow）这样认为：

> 这段简短的文字对人们熟悉的活动进行了深刻的重新阐释……这并不是人与神之间的交换……而是通过模仿神圣本质中的秩序，来实现与人所崇拜的神相似。②

的确，柏拉图将这种行为与期待从神那里得到积极的回应联系起来。尽管有一些差别，但是这种理论的一些部分还是被伊壁鸠鲁主义者接受下来，并且做出了相应的调整，从而融入到他们自己的神学概念中。在这个方面，伊壁鸠鲁主义者也是在柏拉图主义的背景下完善他们自己的概念。而如果关注的焦点是个人的内在品格，即使神离我们很遥远，进行那些宗教活动也是合理的。③

在柏拉图主义和伊壁鸠鲁主义这两个理论体系中，对神的正确理解是获得与神的友爱、实现"与神相似"，从而获得幸福的基础。关键在于个人的品格与对神的正确理解，这是模仿神和获得

---

① 参见柏拉图：《礼法》716d-e。
② G. R. Morrow, *Plato's Cretan City*, p. 400。
③ 参见伊壁鸠鲁：残篇 387 Usener。

灵魂平静与幸福的重要方式。柏拉图和伊壁鸠鲁的不同，在于他们期待得到什么样的帮助：柏拉图希望神能够帮助人培养不朽的灵魂，而伊壁鸠鲁深信，这种帮助只能由崇拜者自己给出。就像他在《致梅瑙凯的信》中说的：

> 真正不虔诚的人，不是那些否认大众所崇拜的神的人，而是确认大众关于神的看法的人。因为大众关于神的看法不是真实的观念，只是错误的假设。他们因此认为，神会给恶人带来最大的恶，会给好人带来至福。①

显然，传统崇拜活动与伊壁鸠鲁主义的自然神论并不互相排斥。因此我们无需惊讶，碑刻铭文记载了超过十位宣称自己是伊壁鸠鲁主义者的祭司为城镇的崇拜活动服务。因为显然，祈祷并不只是对神诉说，而是静观他的本质。崇拜活动的目的并不是崇拜的对象，而是祈祷者本人和他的品格。

如果从正确的视角（即伊壁鸠鲁主义的视角）看待神和崇拜活动，如果人们认识到对神的崇拜并不是有益于神，而是有益于崇拜者，那么传统崇拜和伊壁鸠鲁主义神学就是融贯的。也就是说，只有传统崇拜活动转化为伊壁鸠鲁的治疗哲学，他才会接受

---

① 伊壁鸠鲁：《致梅瑙凯的信》123 f.。

传统的崇拜活动。在这个语境下，即使在神和有朽的人之间存在无法跨越的鸿沟，像祈祷那样的活动依然是重要的崇拜方式，并且能够实现一些有用的目的。如果人们将神的存在作为他们道德行为效仿（homoiôsis）的对象，人就能够与神发生关联。但在这个过程中，就像卢克莱修说的，人们应该提防与神的本质背道而驰的想法。

五、祈祷和转化

伊壁鸠鲁神学的两个主要特征，虽然看起来很有争议，但是并不新鲜。不论是他说的神离我们很远，还是强调以正确的态度接近神，这些都不是他的原创。让伊壁鸠鲁主义的观点新颖且富有争议的，是他将二者结合起来：在强调神离我们很远的同时，对宗教活动保持积极的态度。这就将崇拜活动转化成一种有益于崇拜者的治疗方式。伊壁鸠鲁主义对神的祈祷或颂诗很好地展现了这一转化过程。颂诗或祈祷都被伊壁鸠鲁主义者准许甚至推崇，[①] 但条件是要对神有正确的理解。因为伊壁鸠鲁主义者很清楚（现实也经常告诉我们），传统的祈祷大多会伤害人。因为人只会祈求神的帮助，即使是以他人为代价：

---

① 菲洛德穆斯：《论虔诚》737-751。

> 如果神满足了人的祈祷，那么所有人早就灭亡了，因为他们总是祈祷很多可怕的事情，用于对抗彼此。①

这就是为什么菲洛德穆斯会推荐那些他认为适合用于祈祷的主题，并对应当如何向神诉说作出规定。② 崇拜者的灵魂状态甚至决定了他的祈祷能否被伊壁鸠鲁主义者接受。给崇拜者带来伤害的并不是对神的崇拜本身，而是伴随这些活动的错误观念，比如，相信人能够说服神去做一些事。我认为，对伊壁鸠鲁主义者来说，所有这些都意味着，要认识到祈祷并不是"与神交谈"或是"试图说服神"，而是看到他们真正的本质，即他们在遥远的地方，不会与人的世界有任何联系，并且要意识到他们不会给人带来任何威胁。崇拜活动的真正受益者是崇拜者本身。也就是说，传统的崇拜活动转化成了一种独白或治疗，而治疗的目的在于强化人的品格。严格来说，神依然是崇拜活动的接受者，但真正的接受者是崇拜者本人。伊壁鸠鲁说"崇拜智慧的人对崇拜者来说是最大的好"，③ 这也同样适用于对神的崇拜。从这个角度看，祈祷和颂诗不仅是一种沉思活动，而且还服务于伊壁鸠鲁主义哲学的整体目的，即成为治疗的哲学，用于治疗人的灵魂。因此，传

---

① 参见伊壁鸠鲁：《残篇》388 Usener；菲洛德穆斯：《论虔诚》928-945。
② 菲洛德穆斯：《论虔诚》45.1281 f.。
③ 伊壁鸠鲁：《梵蒂冈箴言》32。

统神学变成了"治疗的神学"(theologia medicans)。

六、卢克莱修致维纳斯的颂诗

在卢克莱修的长诗《物性论》开篇，那段著名且广受讨论的对维纳斯的颂诗，很好地阐释了传统颂诗向治疗性沉思的转化。这部著作是拉丁诗歌的伟大成就之一。整部诗作主要关注伊壁鸠鲁主义的物理学，同时也包括一些伊壁鸠鲁主义的伦理学。全诗共六卷，可以被分成三个部分：第一、二卷解释宇宙如何运转，说明宇宙由原子和虚空组成，这些原子如何结合形成现象世界。第三卷解释灵魂及其有朽性，以强烈谴责人们对死亡的恐惧告终。第四卷解释认知及其他重要功能，卷尾抨击爱欲。最后，第五、六卷试图通过提供一种宇宙生成论来去除关于这个世界的神话，试图在唯物主义的基础上，解释宇宙的起源和毁灭，解释宇宙的结构和早期人类历史。① 在这部长诗中，卢克莱修想要说服代表读者的罗马人迈密乌斯（Memmius），通过证明灵魂的有朽性以及世界不由神统治，帮助他消除对神和死亡的恐惧。这部作品属于教谕诗（didactic poetry）的传统，它为伊壁鸠鲁主义哲学的

---

① 参见 C. Bailey ed. and trans., *Titi Lucreti Cari De Rerum Natura Libri Sex*, Oxford, 1947; M. Gale, *Lucretius*, Oxford, 2007; J. Kany-Turpin, "Lucretius Carus (T.-)," in R. Goulet ed., *Dictionnaire des philosophes antiques*, vol. 4, Paris, 2005, pp. 174-191。

初学者迈密乌斯以及他所代表的读者，介绍了伊壁鸠鲁主义物理学观点；并且提供了一些能够帮助他们过上没有恐惧和烦扰的幸福生活的学说。《物性论》的很多段落都旨在强化人的灵魂，就像沉思活动的目的那样。① 实际上，除了教条性的指导，读者还有机会去检验从这部诗中获得的知识。关于这方面最有趣的文本是诗的开篇那段对维纳斯的祈祷。一些人认为，这首对维纳斯的颂诗在结构和内容上都属于献给女神的传统颂诗。但我认为，这个对维纳斯的祈祷也可以并且应该被理解为一种沉思活动，而且要在伊壁鸠鲁接受祈祷活动的意义上理解。下面我们转向这部长诗的序诗部分。

诗的开篇呼唤了女神维纳斯，描述她掌控世界的力量。我们从这些描述中了解到，通过维纳斯，万物得以孕育："啊，女神，你的到来使狂风消失，乌云消散；因为你，创造奇迹的土地长出了美丽的花朵……"② 在这段颂诗的结尾，卢克莱修请求维纳斯给予他写作这些诗句的力量，同时也请求她为人们带来和平：

因为唯有你掌控着万物的自然，因为没有你就没有任何

---

① 参见 D. Clay, *Lucretius and Epicurus*, Ithaca, 1983。塞德利强调了伊壁鸠鲁主义中的恩培多克勒主义要素，参见 D. Sedley, *Lucretius and the Transformation of Greek Wisdom*, Cambridge, 1998。关于沉思活动，参见 M. Erler, "Physics and Therapy: Meditative Elements in Lucretius' *De rerum natura*," pp. 79-92.

② 卢克莱修：《物性论》1.6-20。

东西出现在光明之中,也不会产生任何愉悦和可爱的东西,请与我一起写作这些诗句,我想用它们来描述万物的自然。**我要把它献给我的朋友迈密乌斯,女神啊,你赋予他所有的才能,而且一直希望他出类拔萃**。因此,女神啊,请一如既往地眷顾我的诗篇,让它焕发永恒的魅力。①

对维纳斯力量的描述以及对她的祈祷,都让阐释者们感到困惑,并引起了很多争论。最大的问题是,它显然与伊壁鸠鲁主义的学说,尤其是伊壁鸠鲁主义的神学不一致,因为根据伊壁鸠鲁主义神学,神过着至福的、与人毫无关系的生活。为什么这首诗会为了和平和帮助召唤女神?为什么要将她描绘成在我们这个世界发挥作用?难道说,在这里作为诗人的卢克莱修与作为伊壁鸠鲁主义哲学家的卢克莱修之间存在矛盾?显然,卢克莱修用熟悉的方式(topoi)来描绘女神维纳斯和她的力量。任何有学识的读者都会理解这种传统诗歌的表达方式,就像这部长诗的目标读者迈密乌斯一样,虽然他在哲学上刚刚起步,但他在文学上受过良好教育。对这种受过良好教育或有学识的读者(lector doctus)来说,不难理解这首颂诗是教谕诗中传统的序诗(exordium)。② 但是,

---

① 卢克莱修:《物性论》1.21-28。

② 参见 K. Volk, *The Poetics of Latin Didactic: Lucretius, Vergil, Ovid, Manilius*, Oxford, 2002。

如果读者已经了解了一些伊壁鸠鲁主义的学说，比如伊壁鸠鲁主义的物理学或神学，或者已经通过阅读诗的正文了解了它们，那他们就会感到困惑。也就是说，只有那些已经有所了解的读者，或是哲学读者（lector philosophus），即知道了世界由原子和虚空组成，并且以机械的方式运转，以及神虽然存在但并不关心我们，只有这些人才会对序诗感到困惑，因为诗人似乎很期待"维纳斯"去干涉自然和人类事务。我们可以再次引用其中的一句话："我要把它献给我的朋友迈密乌斯，女神啊，你赋予他所有的才能，而且一直希望他出类拔萃。"

只有对熟悉伊壁鸠鲁主义神学和物理学基本学说的人来说，这首颂诗才会令人困惑，才会被认为存在争议。但这同时也意味着，读者需要好好思考这首颂诗的含义，并思考要如何在新的伊壁鸠鲁主义语境中理解它：显然，卢克莱修的目标并不只是有学识的读者，即那些从文学传统来理解序诗的人，还包括哲学读者，即那些会讨论颂诗的内容，研究其哲学本质的人。我们应该知道，伊壁鸠鲁主义者，比如菲洛德穆斯，在批评诗歌的时候，并没有把颂诗这种体裁包括进去。他甚至描述了如何写颂诗，并强调避免错误使用神的名字及其观念的重要性。① 仪

---

① 参见 D. Obbink, "How to Read Poetry about Gods," in D. Obbink ed., *Philodemus and Poetry: Poetic Theory and Practice in Lucretius, Philodemus, and Horace*, Oxford, 1995, pp. 189-209, 尤其是 p. 205。

式和颂诗都是合理的崇拜方式，但它们被赋予了新的任务，因为它们能够实现伊壁鸠鲁主义的目的。伊壁鸠鲁主义者认为，虽然神离我们很遥远，但人可以通过将神的存在作为道德模仿（*homoiôsis*）的规范，从而与神联系在一起。① 因此，祈祷不再只是向神诉说，还是对神本质的思考。当我们追问卢克莱修出于什么目的用对维纳斯的祈祷开始他的诗篇时，就要想到这一点。

实际上，在这首诗中，卢克莱修给了我们一些线索去理解他如何以及为什么这么做。他提醒我们，应该将维纳斯与伊壁鸠鲁主义物理学的基础相联系。在第二卷中他明确指出，维纳斯与自然紧密相关。在这里我不能展开讨论，而只想指出，在诗中有一些线索帮助读者重新理解向维纳斯祈祷的主题，所有这些都只是在说，诗中提到的女神维纳斯，实际上代表的是**伊壁鸠鲁主义者理解的自然**。② 比如在第二卷中，卢克莱修谴责人们相信神为了人类创造了这个世界，这个时候他使用的语言与他在颂诗中使用的非常相似。③ 这两段文字彼此关联，后者可以被理解为对前者的注解。这一处以及其他段落都为读者解释了，为什么应

---

① 参见伊壁鸠鲁：《致梅瑙凯的信》135；卢克莱修：《物性论》6.68 ff.。

② 参见 Erler, "Physics and Therapy: Meditative Elements in Lucretius' *De rerum natura*," p. 88f.。

③ 参见 M. Gale, "Myth and Poetry in Lucretius," p. 212。

该以伊壁鸠鲁主义的视角去理解那首颂诗。因为就像卢克莱修在诗中教导的，在那个视角下，颂诗有助于理解自然如何运作。也就是说，它有助于更形象地理解伊壁鸠鲁主义物理学的原理：维纳斯成为伊壁鸠鲁主义"自然"的象征，并提醒人们伊壁鸠鲁主义哲学的重要目标：**快乐**和**平静**。这就意味着，颂诗有助于更具体地理解神圣领域。它所起到的作用，就像伊壁鸠鲁主义者赋予颂诗和祈祷等活动在哲学语境中的作用：让崇拜者了解神的真正本质，并提醒人们不用惧怕神。它鼓励祈祷者反思世界运行的方式，激励读者思考看待神圣领域以及世界的正确方式。这样颂诗就不再是对神的呼唤，而是变成了对人和世界的沉思活动，帮助人们理解神和这个世界都没什么可怕的。也就是说，祈祷变成了沉思活动，成为伊壁鸠鲁主义哲学实践的一部分。在整个《物性论》中，还有很多这样的例子。《物性论》开篇对维纳斯的颂诗应当被理解为对读者的沉思训练，我们在其他哲学文本中也找到了传统宗教元素的这种用途。比如，斯多亚学派的爱比克泰德（Epictetus）认为，颂诗和祈祷都是强化祈祷者灵魂的方式——正如伊壁鸠鲁主义者所做的那样。[1]类似的还有斯多亚学派的克里

---

[1] 参见爱比克泰德:《手册》(*Enchiridion*) 3.24, 102；另参见 M. Erler, "Aspects of Orality in (the Text of) the *Meditations*," in M. van Ackeren ed., *A Companion to Marcus Aurelius*, Malden, 2012, pp. 346-361。

安特斯（Cleanthes）献给宙斯的那首著名的颂诗。斯多亚主义者和伊壁鸠鲁主义者在转变传统宗教活动的目的上是一致的，都认为宗教活动真正的受益者不是神，而是通过这些活动强化自身品格的祈祷者。因此卢克莱修的《物性论》，尤其是序诗部分，很好地阐释了伊壁鸠鲁的目的：通过反思女神维纳斯所代表的自然更好地生活。

七、伊壁鸠鲁主义的祈祷、实践和内心独白

我们看到，伊壁鸠鲁将传统宗教活动转化为"治疗神学"的一部分，帮助崇拜者完善有朽的自我。神离我们很遥远，不关心我们，但这并不值得哀叹，相反，正因为如此，像祈祷那样的崇拜活动才使崇拜者成为真正的受益者。祈祷者或崇拜者提醒自己，神离人们很遥远是一件好事，因为这就意味着不用惧怕神。伊壁鸠鲁认为，这个知识有助于灵魂的平静和幸福，也就是说，祈祷活动并不是从外部为祈祷者带来好处，而是祈祷活动本身就能带来好处。因此，伊壁鸠鲁主义的祈祷只是在形式上指向神，实际上是祈祷者的内心独白。它被转变成了一种沉思活动，成为伊壁鸠鲁主义哲学教育的一部分，就像卢克莱修将它转变成文学那样。祈祷作为沉思活动，甚至在晚期柏拉图主义中也发挥了重要作用，并在他们的教育体系中得到讨论。也就是说，伊壁鸠鲁

主义的祈祷作为沉思活动的教育意义得到了认可，因为它有助于培养人们实践正确的哲学（在这里当然是柏拉图主义）。探寻古代晚期以降祈祷作为沉思活动的历史很有意义。① 总的来说，在本章中，我讨论了这样一个主题：伊壁鸠鲁及伊壁鸠鲁主义者借用传统宗教元素，将它们融入伊壁鸠鲁主义的实践伦理学，从而转化为伊壁鸠鲁主义治疗神学的一部分。

---

① 参见 M. Erler, "Selbstifindung im Gebet," pp. 155-171; J. Dillon ad A. Timotin eds., *Platonic Theories of Prayer*, Leiden, 2016。

第五章 "治疗的阐释学": 伊壁鸠鲁、诗歌与伊壁鸠鲁主义的正统学说

一、导言

在上一章中,为了说明伊壁鸠鲁主义者将传统宗教实践(比如祈祷)转化为一种沉思活动,作为伊壁鸠鲁主义治疗伦理学的一部分,我提到了罗马的伊壁鸠鲁主义诗人卢克莱修。在这章中,我将继续讨论这位诗人。卢克莱修是伊壁鸠鲁主义哲学家,也是罗马的伟大诗人。他将诗歌与伊壁鸠鲁主义哲学结合起来的做法经常会使读者感到困惑,他们不知道,作为伊壁鸠鲁的追随者,卢克莱修如何证明使用诗歌这种文学体裁的正当性。毕竟,他的导师伊壁鸠鲁,那个他自称忠实地跟随其脚步的人,①似乎拒绝将诗歌作为教导他学说的方式。的确,伊壁鸠鲁不愿意接受诗歌、文学以及一般的传统教育(*paideia*)作为实现幸福生活的方式。因此,基于创始者伊壁鸠鲁的权威,远离传统教育似乎成

---

① 参见卢克莱修:《物性论》3.3 f.。

了伊壁鸠鲁主义正统的一部分。① 诗歌属于传统教育方式，选择诗歌作为传播伊壁鸠鲁主义物理学的媒介，卢克莱修这种做法并没有给人一种伊壁鸠鲁追随者的印象。可以确定的是，《物性论》这部长诗深受伊壁鸠鲁哲学的启发，卢克莱修非常尊敬伊壁鸠鲁，并且认为向罗马人传播伊壁鸠鲁主义是在帮助他们；② 但另一方面，卢克莱修用诗歌这种表达方式，来教导他的读者迈密乌斯关于伊壁鸠鲁主义哲学的基本学说似乎又违背了伊壁鸠鲁的教诲，因为伊壁鸠鲁认为，只有散文才能保证表达的清晰，③ 其他与卢克莱修同时代的伊壁鸠鲁主义者，比如菲洛德穆斯，也认为散文是哲学教育的正确媒介，而诗歌不是。因此，他们只用散文来呈现伊壁鸠鲁主义。④

---

① 参见 E. Asmis, "Lucretius' Reception of Epicurus: *De rerum natura* as a Conversion Narrative," *Hermes*, vol. 144 (2016), pp. 439-461; M. Erler, "Lukrez," in *Grundriss der Geschichte der Philosophie. Die Philosophie der Antike*, vol. 4.1, pp. 381-490。关于卢克莱修和伊壁鸠鲁主义的关系，参见 P. Boyancé, "Lucrèce et l'épicurisme," Paris, 1963; D. Clay, *Lucretius and Epicurus*。其他值得参考的文献还有：S. Gillespie and P. Hardie eds. *The Cambridge Companion to Lucretius*, Cambridge, 2007; F. Montarese, *A Study of Lucretius De rerum natura I.635-920: Lucretius and his Sources*, London, 2005; D. Sedley, Lucretius and the Transformation of Greek Wisdom; D. Clay, "The Sources of Lucretius' Inspiration," in M. Gale, ed., *Lucretius*, Oxford, 2007, pp. 18-47。

② 参见卢克莱修：《物性论》5.6-12。

③ 参见第欧根尼·拉尔修：《名哲言行录》10.13 = 伊壁鸠鲁：残篇 54 Usener。

④ 参见第欧根尼·拉尔修：《名哲言行录》10.120 = 伊壁鸠鲁：残篇 563 Usener; E. Asmis, "Epicurean Poetics," in D. Obbink ed., *Philodemus and Poetry*, pp. 15-34, 尤其是 p. 21 f.; M. Erler, "Philodem aus Gadera," in *Grundriss der Geschichte der Philosophie. Die Philosophie der Antike*, vol. 4.1, pp. 289-362。

这就不难想象，为什么那个想同时成为诗人和伊壁鸠鲁主义者的卢克莱修，会成为许多人攻击的目标，人们指责他自相矛盾。一些人甚至认为，他有一种偏执的态度，近乎精神分裂——在作为诗人与作为伊壁鸠鲁主义哲学家之间的分裂。"在卢克莱修那里，凡是诗歌的都是非哲学的，凡是哲学的都是非诗歌的。"①英国诗人柯勒律治（Coleridge）的这种说法，在某种意义上也是对这首诗的现代阐释的典型进路。甚至还出现了一些故事，说卢克莱修无法调和作为伊壁鸠鲁主义者与作为诗人，因而陷入疯狂并且想要自杀。当然，这些故事最终都被拆穿，证明不过是"假新闻"。②并不存在无法调和的两个卢克莱修。③但是，要在伊壁鸠鲁主义正统的视角下，调和卢克莱修《物性论》的诗歌形式与伊壁鸠鲁主义的内容，对阐释者来说仍然是个挑战，因为毫无疑问，伊壁鸠鲁很难接受传统教育和文学作品能够帮助人们追求良好和幸福的生活。当然，很多人都同意，卢克莱修坚持将"清晰"（*lucidum*）作为他诗歌的特征，很可能是在回应上面提到的伊壁鸠鲁主义对清晰的要求，但他在诗中提到了原子和虚空，④

---

① 这是柯勒律治给华兹华斯（Wordsworth）的信中的一句话，引自 E. E. Sikes, *Lucretius: Poet and Philosopher*, Cambridge, 1936, p. 4。

② 参见 K. Ziegler, "Der Tod des Lucretius," *Hermes*, vol. 71 (1936), pp. 421-440; Erler, "Lukrez," p. 398。

③ 参见 C. Martha, *Le poéme de Lucrèce: Morale - Religion - Science*, Paris, 1896。

④ 参见 Asmis, "Lucretius' Reception of Epicurus," p. 440; Clay, *Lucretius and Epicurus*, p. 107。

二者都无法被感知,而伊壁鸠鲁主义哲学的模糊之处,正是他这个学说的基础,即关于原子和虚空的描述。此外还值得注意的是,伊壁鸠鲁本人在表达学说时,混合使用了传统教育、科学探究(mathemata),以及诗歌形式。在这个意义上,他似乎认为诗歌应当从属于思想,也就是说,当且仅当诗歌作为"哲学的仆人"(ancilla philosophiae)时才能在哲学语境中占有一席之地。在本章中,我会证明,后来的伊壁鸠鲁主义者对这个问题进行了讨论,并探讨出一些方式,来解释诗歌为什么以及如何能够成为"哲学的仆人",卢克莱修在他的《物性论》中使用了这些方式,用于向迈密乌斯和更一般的读者介绍伊壁鸠鲁主义的物理学奥秘。毕竟,卢克莱修在谈论选择诗歌作为向罗马人传达哲学思想的媒介时,称自己走在一条"无人涉足的道路"上,[①]也就是说,卢克莱修认为自己展现伊壁鸠鲁主义哲学的方式,是他个人的创新。而就诗歌的哲学内容而言,他称自己是伊壁鸠鲁的忠实追随者。我并不认为自己解决了"卢克莱修是伊壁鸠鲁主义诗人"这个说法中包含的所有问题,尤其是考虑到伊壁鸠鲁坚决反对教谕诗这种形式。但我仍然想要说明,卢克莱修将诗歌传统从属于传达哲学思想,这种做法的确是追随了伊壁鸠鲁以及其他伊壁鸠鲁主义者的脚步。也就是说,至少在这个意义上,他是真正的伊壁

---

① 参见卢克莱修:《物性论》3.3 f.。

鸠鲁主义者。因此，在本章最后，我会从伊壁鸠鲁主义正统的角度，从整体上反思卢克莱修的方法。我们会发现，虽然伊壁鸠鲁主义正统经常被人们指责过于激进、毫无成效，甚至非常无聊，但实际上在很多方面都没有想象中那么死板，而是更为灵活的，因而也非常有趣。

二、伊壁鸠鲁与传统教育

我们先来看看伊壁鸠鲁关于诗歌、文学作品以及其他传统教育方式的立场。伊壁鸠鲁认为，传统教育（paideia）尤其是诗歌并不是获得幸福必需的，因此可以被抛弃。伊壁鸠鲁否定了像柏拉图在《理想国》中提出的那种教学方案，因为其中包含了经过筛选的诗歌和严格的数学课程。虽然我们没有伊壁鸠鲁本人关于诗歌的完整论述，但从流传下来的一些残篇中我们能清楚地知道，伊壁鸠鲁的确认为，就传递哲学知识而言，诗歌尤其是教谕诗毫无用处。同时，伊壁鸠鲁也否认了文艺（artes liberales）在获取知识方面的作用。[1] 在伊壁鸠鲁给阿佩莱斯（Apelles）的一封信中，他称赞阿佩莱斯没有接受任何传统教育就获得了哲学知识。[2]

---

[1] 参见第欧根尼·拉尔修：《名哲言行录》10.6。
[2] 参见伊壁鸠鲁：残篇43。

在另一封信中,伊壁鸠鲁建议他的弟子皮托克勒斯(Phythocles)即刻远离传统教育:

> 亲爱的孩子,赶快扬帆起航,避开所有传统文化。①

伊壁鸠鲁认为,诗歌对教育来说毫无用处:它可能给人带来娱乐,但不能在哲学上教育读者。就排斥诗歌这点而言,伊壁鸠鲁的立场很容易让我们想到柏拉图对传统诗歌及其在教育中作用的批判,即对荷马式诗歌的批判。不过柏拉图的批判甚至更为激进。因为在柏拉图看来,诗歌不仅是无用的,而且是危险的。柏拉图提醒读者,要提防荷马的诗歌以及一般而言的诗歌对年轻人可能产生的不良影响,不仅仅因为他们讲述的故事以及那些故事引人模仿的属性。② 然而,虽说伊壁鸠鲁似乎支持柏拉图对传统教育和诗歌的批判,但他的批评还指向了柏拉图在《理想国》中提出的教学方案。③ 另一方面,我们很难知道伊壁鸠鲁的批评究竟有多激进。因为现存的他对诗歌和教育的评论是相互独立的,

---

① 参见伊壁鸠鲁:残篇 89。
② 参见柏拉图:《理想国》376c-398b,595a-608b。
③ 参见 G. R. F. Ferrari, "Plato and Poetry," in G. Kennedy ed., *Cambridge History of Literary Criticism*, vol. 1, Cambridge, 1989, pp. 92-148; S. Halliwell, *The Aesthetics of Mimesis: Ancient Text and Modern Problems*; M. Erler, "Platon," in H. Flashar ed., *Grundriss der Geschichte der Philosophie. Die Philosophie der Antike*, vol. 2.2, Basel, 2007, pp. 486-497。

也有些模糊不清，很难给我们提供一个诗学理论，从而发展出某种正统学说。伊壁鸠鲁在哲学语境下对诗歌的批评，基本源于他对自然现象进行理性解释的要求。① 虽然传统诗歌中描述了很多有关神的故事，伊壁鸠鲁仍想帮助人们消除对神的恐惧，因为在他看来，那些故事都是假的。虽然伊壁鸠鲁没有否认那些诗歌和其中的故事能够娱乐读者，带来快乐，② 但是我们可以肯定地说，他并不认同以阅读荷马和其他诗人的作品为基础的传统教育。在伊壁鸠鲁看来，像荷马写的那种诗歌会妨碍年轻人获得幸福。因此，他致力于用自己的哲学来取代这一传统。当然，就像西塞罗在《论道德目的》中描述的，这种立场很容易引起争议。西塞罗嘲笑托夸图斯（Torquatus）这个毫无疑问的伊壁鸠鲁主义者和他的朋友，像罗马人通常做的那样，阅读历史、诗歌和文学作品。西塞罗声称，他的老师伊壁鸠鲁不会允许他这样做，因为伊壁鸠鲁认为人们从诗歌中只能获得不成熟的喜悦。③ 西塞罗认为，伊壁鸠鲁主义的立场与罗马人的价值和态度不同。托夸图斯对此的反应很有趣，因为他并没有否认自己沉溺于文学作品，他甚至好

---

① 参见 D. Marcovic, *The Rhetoric of Explanation in Lucretius' De rerum natura*, Leiden, 2008。

② 参见 Asmis, "Epicurean Poetics," pp. 19, 22 ff.; K. Volk, *The Poetics of Latin Didactic: Lucretius, Vergil, Ovid Manilius*, Oxford, 2002, p. 94。

③ 参见《论道德目的》1.71 f.。

像知道伊壁鸠鲁不会赞同这种态度。① 然而，他试图通过将传统教育理解为对孩子的教育，来为自己的立场辩护。这种理解符合教育这个词的词源学解释，但这似乎并不是伊壁鸠鲁的本意。托夸图斯对这个词的阐释表明，至少在西塞罗的时代，伊壁鸠鲁主义者试图调整他们的立场，以适应传统教育被广泛认可的事实，即使他们知道伊壁鸠鲁本人并没有正面使用过 paideia 这个词。也就是说，他们重新阐释了伊壁鸠鲁的话，并称这是在厘清它们的确切含义。在这个意义上，他们对伊壁鸠鲁主义关于文学作品的立场进行了较为灵活的阐释。

三、菲洛德穆斯：一位受过良好教育的伊壁鸠鲁主义者

罗马的伊壁鸠鲁主义者托夸图斯的反应表明，在当时（公元前1世纪），对伊壁鸠鲁主义者来说，结合伊壁鸠鲁主义哲学和传统教育是有可能的。生活在罗马的另一位伊壁鸠鲁主义者菲洛德穆斯也证实了这一点。菲洛德穆斯当时是罗马贵族皮索的老师，

---

① 参见 Asmis, "Epicurean Poetics," 22 ff.; M. Erler, "*Interpretatio medicans*. Zur epikureischen Rückgewinnung der Literatur im philosophischen Kontext," in M. van Ackeren and J. Müller eds., *Antike Philosophie Verstehen*, Darmstadt, 2006, pp. 243-256, 尤其是 p. 247 ff.。

他不只撰写哲学著作,还写了一些诗歌。① 此外,在他的哲学论著中,经常提到甚至会引用一些诗来阐明他的哲学立场和论证。比如他的论著《论好君主》(*De bono rege*)、《论愤怒》(*De ira*)和《论死亡》(*De morte*)等,都表明他有良好的诗歌和散文知识。《论死亡》甚至表明,他在成为散文作家方面怀着远大的抱负。② 不管怎样,这三部作品都表明,如果文学作品得到了很好的处理,在伊壁鸠鲁主义哲学的视角下阅读,就会非常有用。在上面提到的这些作品中,菲洛德穆斯都运用了很多文学材料,它们可以帮助读者评价自己的行为,并就自己的品格得出相应的结论,甚至在与伊壁鸠鲁的哲学比较之后,能够证实或强化自己的观念。③ 此外,在菲洛德穆斯的伊壁鸠鲁主义论著中,他还使用了文学作品和诗歌等形式来阐明和解释伊壁鸠鲁主义理论。这种

---

① 参见 Erler, "Lukrez," pp. 292-337; A. Rengakos and B. Zimmermann eds., *Handbuch der griechischen Literatur der Antike, vol. 2: Die Literatur der klassischen und hellenistischen Zeit*, München, 2014, pp. 275-278, 420-425, 721-724, 873-876; F. Longo Aurichio et. al., "Philodème de Gadara," in R. Goulet ed. *Dictionnaire des philosophes antiques*, vol. 5.1, Paris, 2012, pp. 334-359。

② 参见菲洛德穆斯:《论好君主》(*Il buon re secondo Omero*, edizione, traduzione e commento a cura di T. Dorandi, Napoli, 1982);另参见 J. Fish, "Philodemus on the Education of the Good Prince: PHerc. 1507, Col. 23," in G. Abbamonte and A. Rescigno eds., *Satura: Collectanea philologica Italo Gallo ab amicis discipulisque dicata*, Napoli, 1999, pp. 71-77; J. Fish, "Anger, Philodemus' Good King, and the Helen Episode of *Aeneid* 2.567-589: A New Proof of Authenticity from Herculaneum," in D. Armstrong et al. eds., *Vergil, Philodemus, and the Augustans*, Austin, 2004, pp. 111-138。

③ 参见 Erler, "*Interpretatio medicans*," pp. 243-256, 尤其是 pp. 246-252。

做法乍看起来好像不符合伊壁鸠鲁主义正统的立场，但在某种程度上其实来自伊壁鸠鲁本人的作品。因为伊壁鸠鲁本人也使用了传统教育的元素以及诗歌，来传达自己的哲学思想，他的确将诗歌当作哲学的仆人。

四、伊壁鸠鲁对诗歌的运用

我们暂时先回到伊壁鸠鲁本人的作品。之前提到过，虽说存在一些有争议的文本，但要从伊壁鸠鲁讨论诗歌的少数残篇中推断出伊壁鸠鲁反对诗歌的理论，还存在着一些困难。另一方面，伊壁鸠鲁本人的实际做法也值得探讨。因为在传达哲学思想时，伊壁鸠鲁似乎经常使用传统教育元素，比如修辞或诗歌。在修辞方面，那封《致梅瑙凯的信》就足够说明这一点。这封信意在引导读者实践哲学，这是一部劝勉性的著作，同时它也表明伊壁鸠鲁使用传统修辞传达哲学的需求。这封信以文学风格写作，回避了元音连读，包含精巧的节奏和韵律。[①] 更有趣的是，伊壁鸠鲁经常将诗歌的结构和措辞作为潜台词（subtext），来使他的文本更容易被读者记住。在他的作品中，伊壁鸠鲁还引用了一些诗歌，比如在《致梅瑙凯的信》中，他引用了特奥格尼斯（Theognis

---

① 参见 J. Hessler, *Brief an Menoikeus*, Basel, 2014。

的诗。① 因为伊壁鸠鲁认识到诗人的权威性能够使论证更有说服力，所以在《基本要道》中他提到了梭伦（Solon）。② 最显著的例子是他的《梵蒂冈箴言》，他希望其中的内容能被牢记，因此借助了诗歌的形式，并根据自己的观点对内容做了一些改动。伊壁鸠鲁也选取了喜剧和悲剧诗人的某些表达方式。③ 比如，他采用了梭伦描写大海的诗，其中写道当大海"平静"时就变得"正义"，他对这句话进行了改造，使它成为《基本要道》第 17 条的潜台词：

> 正义之人的灵魂享受最大的平静，而不正义之人内心则充满了极度的不安。

在这句话中，伊壁鸠鲁显然保留了梭伦的语言，并将诗人用来表达正义的两个词结合起来。梭伦的一个**描述**——当大海平静时就是所有事物中最正义的，被伊壁鸠鲁转化成了一种**状态**：灵魂的平静（ataraxia）——如果一个人是正义的，他就像平静的大海一样，而不义是坏的，因为它让灵魂动荡不安。显然，伊壁鸠鲁想让他的学说更容易记住，因此对潜台词做了些许改变——调换了

---

① 参见特奥格尼斯，425-427；第欧根尼·拉尔修：《名哲言行录》10.126。
② 参见梭伦：残篇 fr. 12 West；伊壁鸠鲁：《基本要道》1。
③ 参见 Clay, *Paradosis and Survival*, Michigan, 1998, p. 28 f., 33。

因果关系。① 我们再看一个例子：伊壁鸠鲁的《箴言》第 9 条："必然性是一种恶，但继续按照必然性生活并不是必然的。"② 这句话很有可能是伊壁鸠鲁在反对决定论（anankê，即必然性），它使用了喜剧作家苏萨里翁（Susarion）的表达方式，苏萨里翁写了一些关于与女性生活的必然性的内容，开篇是这样的：

>女性是一种恶，但是，我的同胞们，我们找不到没有恶的存在。③

从"女性是一种恶"（kakon gynaikes）到"必然性是一种恶"（kakon anankê）的转变表明：伊壁鸠鲁想通过这些尽人皆知的反对婚姻必然性的句子，来确证反对决定论的观点，并使这些观点更容易记住。

由此可以清楚地看出：虽然正统的诗歌理论没有太多的文本，也没有更广泛的理论基础，④ 但伊壁鸠鲁的做法表明，他接

---

① 参见 M. Erler and J. von Ungern-Sternberg, "Κακὸν γυναῖκες. Griechisches zu der Rede des Metellus Macedonicus 'De prole augenda'," *Museum Helveticum*, vol. 44 (1987), pp. 254-256。

② 伊壁鸠鲁：《梵蒂冈箴言》9；另参见苏萨利翁：残篇 1 West。

③ 参见 Gerardus Joannes Vossius, *Poeticarum Institutionum Libri Tres/Institutes of Poetics in Three Books*, edition, translation and commentary by Jan Bloemendal, vol. 1, Leiden, 2010, p. 657。

④ 参见 Asmis, "Epicurean Poetics"。

受过良好的教育，并且知道如何利用诗歌来支持他的观点：显然，诗歌并没有完全被伊壁鸠鲁抛弃，相反，诗歌（以及修辞）被当作哲学的仆人，而不是哲学的一个组成部分。即使是那些看起来反对使用诗歌的残篇（建议人们远离传统教育），可能也提到了像荷马的《奥德赛》和关于塞壬女妖（Sirens）的潜台词。①

诗歌是哲学的仆人。正如我们看到的，伊壁鸠鲁会欣然接受这种理解，同时这也是菲洛德穆斯在他的论著中使用诗歌的方式。不仅如此，对传统教育或科学研究的这种使用，也在伊壁鸠鲁主义内部得到了讨论。菲洛德穆斯在他的一部著作中提到，一群伊壁鸠鲁主义者为这种使用诗歌和传统教育（以及科学研究）的方式辩护，反对其他伊壁鸠鲁主义者从字面上理解伊壁鸠鲁的批评。② 我们不知道伊壁鸠鲁的真正立场是什么，但显然，严格的字面理解与更为灵活的理解这两种立场，都可以在伊壁鸠鲁主义中得到辩护。在讨论文学（比如荷马）作为获得幸福的方式时，菲洛德穆斯可以从伊壁鸠鲁那里得到支持，就像他在《论好君主》中做的那样。菲洛德穆斯甚至在他的文本中解释了，诗歌为什么以及如何能够作为哲学的仆人，支持某种哲学观点。在他看来，文学是一种有用的引导灵魂的方式（psychagogic means），而不是

---

① 参见 Marcovic *The Rhetoric of Explanation in Lucretius' De rerum natura*, p. 45。

② 参见 Filodemo, *Agli amici di scuola (PHerc. 1005)*, edizioni, traduzione e commento a cura di A. Angeli, Napoli, 1988, pp. 50-61。

一种说教的方式。①

公元前 1 世纪发生在伊壁鸠鲁主义者内部的讨论，可能是托夸图斯这种受过良好教育的伊壁鸠鲁主义者的思想背景，我们知道当时还有其他博学的伊壁鸠鲁主义者。这种思想背景可能在某种程度上解释了，为什么卢克莱修会采用诗歌的形式，来宣传伊壁鸠鲁主义的物理学。实际上，我认为在伊壁鸠鲁主义内部的这种"发展"为卢克莱修提供了舞台，使他能够以诗歌这种传统教育的形式来宣扬伊壁鸠鲁主义哲学。同时我也认为，卢克莱修还采用了其他伊壁鸠鲁主义者（比如菲洛德穆斯）使用的方法，为在哲学语境中使用诗歌语言进行辩护。

五、哲学的仆人：卢克莱修的诗

接下来我会讨论卢克莱修的诗，并尝试在伊壁鸠鲁主义传统内部关于诗歌与哲学关系争论的背景下来理解他的诗。我认为在这种背景下，我们更容易理解卢克莱修用诗歌来宣扬伊壁鸠鲁主义的原因。他著名的蜂蜜比喻就是如此。② 他特地用这个比喻来解释为什么选择诗歌作为传达学说的媒介，并解释诗歌形式如何

---

① 参见 M. Wigodsky, "The Alleged Impossibility of Philosophical Poetry," in *Philodemus and Poetry*, pp. 58-68, 尤其是 pp. 65-68。

② 参见卢克莱修：《物性论》1.936-950; 4.11-25。

与哲学内容联系。卢克莱修说道：

> 就像医生试图把难喝的苦艾给小孩吃时，先用甜的黄色蜂蜜抹在杯子的边缘，那些天真的孩子的嘴唇被哄骗，同时就喝下了那艾草的苦汁……我现在也在这么做：因为这个学说对于不习惯的人来说，通常看起来会有些苛刻……我选择用女神甜美的歌声来向你们阐述我的学说，使它就像涂抹了缪斯美味的蜂蜜一样……①

伊壁鸠鲁主义的哲学家就像医生，那些哲学理论就像药物，这个比喻听起来是我们熟悉的那种典型的伊壁鸠鲁主义思想。但是，诗歌作为哄骗小孩的方式，用于说服他们喝下苦药，这个比喻却很新鲜，而且的确描述了卢克莱修所做的事情。在他的诗中，他将那些害怕自然现象、神和死亡的人——也就是迈密乌斯和一般的读者——比作孩童，他们必须学习伊壁鸠鲁主义，才能摆脱幼稚的恐惧。② 这个比喻可以被理解成卢克莱修为诗歌做的辩护，在这个意义上，他将柏拉图对诗歌虚幻性的批判转化为某种积极的东西，同时也回应了伊壁鸠鲁对诗歌的批评。伊壁鸠鲁认为诗

---

① 卢克莱修：《物性论》1.935-947。
② 参见 M. Erler, "Das Bild vom 'Kind im Menschen' bei Platon und der Adressat von Lukrez' *De rerum natura*," *Cronache Ercolanesi*, vol. 33 (2003), pp. 107-116。

歌是极具破坏性的诱惑（delear），他排斥诗歌，理由是诗歌欺骗读者，让他们相信这些虚假的故事。① 卢克莱修似乎认识到了诗歌通常起到的诱惑性作用，但他同时认为诗歌可以并且应该发挥相反的作用：哲学诗并没有破坏，反倒是恢复了他的力量。② 卢克莱修曾强调，诗歌不仅可以分散听众的注意力，也可以吸引听众的注意力。他的诗歌的确吸引了读者，让读者看到伊壁鸠鲁主义治疗哲学中的重要学说。他的诗中没有传统神话，反倒有伊壁鸠鲁主义对传统神话的批判。此外，卢克莱修的诗理性地解释了世界如何运转（naturae species rationque），属于物理学。同时也很清楚，卢克莱修想将诗歌的语言和形式，也就是诗歌的诱惑性，作为一种激励，作为哲学和理性论证的激励，帮助读者消除恐惧。也就是说，卢克莱修用诗歌的形式来服务于哲学，作为哲学的工具或仆人。这就是卢克莱修的蜂蜜比喻想要说明的，同时也是伊壁鸠鲁在他的论著和箴言中的做法。当卢克莱修引用其他人的诗句时，他就像希腊化时代一位学识渊博的诗人（poeta doctus），运用诗歌传统并尝试有所创新。但作为伊壁鸠鲁主义哲学家，卢克莱修也遵循了伊壁鸠鲁主义的哲学体系，将文学教育从属于哲学启蒙：帮助人们消除恐惧和痛苦。当卢克莱修称，他

---

① 参见伊壁鸠鲁：残篇 229 Usener。

② 参见 Asmis, "Lucretius' Reception of Epicurus"。

将伊壁鸠鲁当作自己的哲学英雄,[①] 由效仿伊壁鸠鲁的愿望驱动时,他指的是思想的内容。因为当他将诗歌语言这样的传统媒介作为传播哲学思想的"仆人"时,在某种程度上也是在追随伊壁鸠鲁的做法。这就是为什么在卢克莱修看来,使用诗歌手法是合理的,就像蜂蜜比喻表明的那样,他将诗歌用于帮助读者喝下苦口的良药。[②] 卢克莱修因采用诗歌这种新颖的方式而感到自豪,并称他是在采集新鲜的花朵,并且踏上了一条无人涉足的道路,这条路在缪斯女神爱的指引下向前延伸。[③] 当然,他并不是第一个写教谕诗的人,但似乎是第一个写伊壁鸠鲁主义教谕诗的人,而这实际上是不受伊壁鸠鲁青睐的,但是我们看到伊壁鸠鲁也并不是完全反对这种做法。在这个意义上,卢克莱修的立场可能被排除在伊壁鸠鲁主义正统之外。但值得注意的是,当卢克莱修决定撰写一部伊壁鸠鲁主义诗作时,关于能否借助传统教育和文学元素来推动伊壁鸠鲁学说的传播,已经在这个学派内部得到了广泛的讨论。

因此有人可能会说:卢克莱修采用传统教育的方式,尤其是将诗歌语言作为表达哲学教义的媒介,即将诗歌作为哲学的载体或仆人,这种做法在伊壁鸠鲁主义传统中并不新颖,因此我们不

---

① 参见卢克莱修:《物性论》3.5-6。
② 卢克莱修:《物性论》1.931-940;另参见 Volk, *The Poetics of Latin Didactic*, 2002, 95。
③ 参见卢克莱修:《物性论》1.925-930。

该仅仅因为这个原因将卢克莱修称为非正统的伊壁鸠鲁主义者。卢克莱修的新颖之处在于，他不只是用诗歌语言来写一两个简单的句子，而是撰写了整首诗，撰写了一首服务于哲学的教谕诗。因此，我们应该说卢克莱修的确是第一个在伊壁鸠鲁主义传统内部，尝试找到诗歌方面的界限的人。同时，我们也应该认识到，伊壁鸠鲁主义传统比一般认为的更加灵活。

六、诗歌服务于教育：目的与使用方式

到目前为止，我们讨论了卢克莱修选择用诗歌作为阐述伊壁鸠鲁主义学说的方式，我们发现，这种做法仍属于伊壁鸠鲁主义传统，他的创新之处在于选取了教谕诗这个体裁。接下来，我要关注卢克莱修在他的诗中应用并阐明的一些方法，这些方法能够帮助人们更好地理解，为什么即使在伊壁鸠鲁主义的语境中使用文学也是合理的。因为除了通过学说提供指导之外，卢克莱修在他的诗中也为读者提供了方法论上的指导，用于理解如何使用这些文本为伊壁鸠鲁主义哲学服务。[①]

我主要关注两种方法：一种称为"计算法"（*epilogismos*），另一种我称之为"始点法"（*aphormê*）。这两种方法都能够解释，

[①] 参见 M. Erler, "Physics and Therapy," 尤其是 p. 88。

为什么伊壁鸠鲁主义者应该并且能够将散文和诗歌作为哲学教育的工具。菲洛德穆斯在他的著作中讨论了这两种方法，我会证明，卢克莱修在《物性论》的两段文本中阐明了这两种方法。我会提到《物性论》第四卷的最后部分，在那里卢克莱修讨论了爱的定义和缺陷。我会证明，如果按照"计算法"来阅读这段文本，我们就能更好地理解其中对爱的抨击。另一段是第六卷的结尾，也是整部诗的结尾：那段著名的关于伯罗奔尼撒战争期间雅典瘟疫的描述。显然，这段话是对历史学家修昔底德在《伯罗奔尼撒战争》中关于雅典瘟疫的阐释。在第六卷的结尾，卢克莱修不仅描述了人们在面对灾难时的行为（这段话经常被讨论的一个方面），我们还应该注意的是，这段文本同时也是"始点法"在哲学语境中应用的一个例子。我会尝试说明，在讨论爱和瘟疫的这两段文本中，卢克莱修为读者提供了机会，让他们能够检验从这首诗中获得的知识，同时证明传统教育为什么能够在伊壁鸠鲁主义的语境中充当哲学的仆人，就像他和其他伊壁鸠鲁主义者理解的那样。

七、两种方法：计算法和始点法

我们先回顾一下，菲洛德穆斯在阅读和阐释传统文本为何有益的问题上有什么看法。我们之前提到，为了阐明他的立场，或者为了给他捍卫的或是反对的立场提供例子,菲洛德穆斯经常在他的论著中提到一些诗歌的内容。他还就这样做为什么有益提供了哲学上的解释与合理性的说明。关于这些方面,最值得一提的是他的《论好君主》和《论愤怒》。① 在《论好君主》中,菲洛德穆斯想解释好的统治者是什么样的。在他看来,荷马讨厌战争和冲突,要求统治者尽力避免战争,消除人们对冲突的欲望。虽然荷马式的英雄无需尽可能地避免战争,但他应该像父亲一样努力追求仁慈。因此,菲洛德穆斯在解读荷马时,似乎预设了荷马式的英雄会以一种"非荷马式"的方式行动。在菲洛德穆斯看来,荷马主张统治者应当尽力避免战争、消除对冲突的渴望。② 人们通常认为荷马的《伊利亚特》反映了贵族社会中英雄的好战,因而菲洛德穆斯对荷马的这种理解就更显得引人注目,因为他似乎在用一种道德化的方式解读荷马的史诗。③

显然,菲洛德穆斯想要在荷马的诗作中找到道德上好坏行为的例子。他尝试从荷马中找到一些文本,作为从伊壁鸠鲁主义的视角讨论道德行为的"始点"。他想要确认是否有文本支持他

---

① 参见菲洛德穆斯:《论好君主》。
② 参见菲洛德穆斯:《论好君主》col. XXIX.6 f. Dorandi。
③ 参见菲洛德穆斯:《论好君主》col. XLIII.16 ff., col. XXII.36 f. Dorandi; M. Erler, "Orthodoxie und Anpassung. Philodem, ein Panaitios des Kepos?," *Museum Helveticum*, vol. 49 (1992), pp. 171-200, 尤其是 p. 185 f.。

第五章　"治疗的阐释学"：伊壁鸠鲁、诗歌与伊壁鸠鲁主义的正统学说　　149

的伊壁鸠鲁主义立场。如果的确有，那么这些文本就可以用来为伊壁鸠鲁主义立场辩护。如果没有，那就可以用伊壁鸠鲁主义的立场加以反驳。这正是菲洛德穆斯在《论好君主》的结尾所做的。他讨论了读者从荷马的文本中可能获得用于修正和改进自己的"始点"。① 也就是说，菲洛德穆斯显然找到了他所说的"始点"，他相信荷马为读者提供了这些"始点"，用于提高他们的智慧，帮助他们过上幸福的生活。在菲洛德穆斯看来，诗歌中包含这种始点，也就是包含了有助于区分好坏的伦理准则，因此对读者有益。也就是说，菲洛德穆斯认为，应该阅读诗歌，从而为灵魂提供指导。将始点作为纠正（*epanorthôsis*）读者行为的方式，这是一种引导读者的方法，允许读者脱离原文的语境，根据自己的哲学倾向来阐释它们。这种做法既可以在伊壁鸠鲁主义传统中找到，也可以在其他哲学流派中找到。在我看来，"找到始点"（*aphormên labein*）代表了哲学阐释学（philosophical hermeneutics）的传统，是一种"治疗的阐释学"（*interpretatio medicans*）。这种方法还可追溯到修辞学，而且有助于我们更好地理解伊壁鸠鲁主义者利用文学的方式。比如，菲洛德穆斯将文学作为探索人类行为的素材和例子的储备库，想要根据这些素

---

①　参见 E. Asmis, "Philodemus' Poetic Theory and *On the Good King According to Homer*," *Classical Antiquity*, vol. 10 (1991), p. 20; M. Erler, "*Aphormen labein*. Rhetoric and Epicurean Exegesis of Plato," in D. De Sanctis et al. eds., *Questioni epicuree*, Sankt Augustin, 2015, pp. 113-128。

材和例子对人的行为做出道德上的评价。① 菲洛德穆斯在《论好君主》中对忒勒马库斯（Telemachus）的评价很说明问题："让忒勒马库斯成为我们的榜样吧。"② 阅读书籍，通过书籍中良好行为的例子获得道德教育，这对于伊壁鸠鲁主义者来说是可接受的。用这种方式阅读荷马这样的诗歌就不仅有趣而且有益。③

此时，伊壁鸠鲁主义的第二种方法就发挥作用了，即所谓的"计算法"。这种方法要求我们根据例子评价自己的行为，以及伴随行为的情感。菲洛德穆斯在他的论著中解释说，所谓的"计算法"就是研究现象，帮助人们意识到现象之间的相似性，并在此基础上进行推论。卢克莱修和菲洛德穆斯在他们的著作中，让读者看到那些处于爱或愤怒等情感中的人，同时还描述了这些情感带来的痛苦和危险，④ 这就使读者对真和好的本质做出

---

① 参见 V. Tsouna, *The Ethics of Philodemus*, Oxford 2007, pp. 204-208; F. Schroeder, "Philodemus: Avocatio and the Pathos of Distance in Lucretius and Vergil," in D. Armstrong et al. eds., *Vergil, Philodemus, and the Augustans*, Austin, 2004, pp. 139-156。

② 参见菲洛德穆斯:《论好君主》col. XXII.36 Dorandi。

③ 参见 M. Erler, "*Exempla amoris*. Der epikureische Epilogismos als philosophischer Hintergrund der Diatribe gegen die Liebe in Lukrez' *De rerum natura*," in A. Monet ed., *Le Jardin Romain. Épicurisme et poésie á Rome*, Lille, 2003, pp. 147-166; E. Asmis, *Epicurus' Scientific Method*, Ithaca, 1984, p. 177 f.; M. Schofield, "Epilogismos: An Appraisal," in M. Frede ed., *Rationality in Greek Thought*, Oxford, 1996, pp. 221-237。

④ 参见菲洛德穆斯:《论愤怒》col. IV.4 ff.。

评价（epilogizesthai），也对诸如爱或愤怒这些影响他们行为的情感所具有的恶的本质做出评价。那些症状和后果的相似性就像一个指示器，让读者能够在此基础上，对自己的品格进行推论，并评价其中包含的情感。比如，当一个人感到愤怒时必须知道伴随这种情感的好与坏，才能对它进行评价，就像菲洛德穆斯论证的：

> 消除它的主要原因在于，我们知道了它的强度和它所包含以及带来的恶的数量。①

正是因为文学可以作为素材的储备库，里面有各种情感的类型，以及从这些情感产生的各种行为，所以文学能够帮助人们对这些情感做出评价，从而过上更好的生活。因为根据伊壁鸠鲁主义的学说，任何人开始某个行动，都与他关于目标的图景（visualization or picture）有关。② 而菲洛德穆斯似乎指出，这些素材是从现实生活还是从文学中得来并不重要。③ 呈现英雄人物行为的好坏，比如荷马中英雄人物的行为，能够帮助读者澄清文本中提到的情感以及他们自己实际情感的品质。这也是伊壁鸠鲁主义者认为文

---

① 参见菲洛德穆斯：《论愤怒》col. IV.4 ff.。

② 参见卢克莱修：《物性论》4.881-885；另参见 B. Frischer, *The Sculpted Word*, pp. 81 f.。

③ 参见 Asmis, *Epicurus' Scientific Method*, pp. 203 f.。

学对哲学研究来说有用的原因之一。其他作者也在不同的哲学语境中使用了这种方法。比如在普鲁塔克的道德论著中，[①]他提供了很多关于如何使用这种方法，以及带着什么目的使用这些方法的例子和反思。

八、卢克莱修论爱

我们先回顾一下讨论过的内容：我们确定了伊壁鸠鲁主义者（不只是菲洛德穆斯）在阅读其他人的诗歌或散文时的两种方法：一种是始点法，即选取一些段落，并根据伊壁鸠鲁主义的方式去阐释它们，以获得哲学上的好处；另一种是计算法，即通过分析某些情感对行为的影响对这些情感做出评价。

我在之前提到过，这两种方法都有助于理解卢克莱修《物性论》的两段文本，即第四卷末尾对爱的批判，以及第六卷末尾对雅典瘟疫的著名描述。

---

① 参见普鲁塔克：《论健谈》(*De garrulitate*) 511；M. Erler, "Hellenistische Elemente in der platonischen *praeparatio philosophica* der Kaiserzeit (am Beispiel des ἐπιλογισμός bei Plutarch)," in C. Pietsch ed., *Ethik des antiken Platonismus. Der platonische Weg zum Glück in Systematik, Entstehung und historischem Kontext*, Stuttgart, 2013, pp. 273-282; H. G. Ingenkamp, *Plutarchs Schriften über die Heilung der Seele*, Göttingen, 1971。

第五章 "治疗的阐释学"：伊壁鸠鲁、诗歌与伊壁鸠鲁主义的正统学说　153

　　我们先来看看《物性论》第四卷对爱的批判。① 在这段文本中，卢克莱修描述了爱的激情，并告诉读者为什么在他看来，传统性欲意义上的爱往往对于获得伊壁鸠鲁所说的快乐毫无用处。他讨论了如何应对爱，如何分辨假的爱和真的爱，即不自然的爱和自然的爱。卢克莱修将爱阐释为对一个人做了错误的判断，并认为人类错误和不幸的根源都能在此找到。卢克莱修教读者如何摆脱对爱扭曲的、不切实际的幻想，也就是我们所说的浪漫的爱。卢克莱修认为，揭露爱的真正本质能够帮助人们做出理性的行为，获得灵魂的平静。令人惊讶的是，这段广为讨论的文本在结构上反映了我们提到的"计算法"。② 因为在这段文本中，通过关注爱这种情感带来的后果，卢克莱修将爱界定为某种消极的东西。他使用了不同的文学素材，比如希腊喜剧或希腊关于爱的警句，把它们作为潜台词来描述爱的后果。

　　对爱的批判构成了《物性论》第四卷主题的一部分，这一卷的主题是如何处理形象（images），以及如何对这些形象做出正确的评价。在爱的行动中，形象的确扮演了重要的角色，但它们同

---

① 参见卢克莱修：《物性论》4.1037-1057; 1058-1287; R. D. Brown, *Lucretius on love and Sex: A Commentary on De rerum natura IV 1030-1287*, Leiden, 1987, p. 60 ff., 180 ff.; E. J. Kenney, "Doctus Lucretius", in M. R. Gale ed., *Oxford Readings in Classical Studies, Lucretius*, Oxford, 2007, pp. 300-327。

② 参见 M. Erler, "Physics and Therapy," pp. 85 f.。

时也是人们产生错误观念的原因，比如错误地认为你和你所爱的人能够浪漫地合为一体。

对爱这种激情的批判包含两个部分。首先，爱被还原到物理维度，并且完全被归结为机械过程。① 卢克莱修以这样一句话结束了对爱及其物理过程的描述："这就是我们的维纳斯；爱的名字也由此而来。"② 也就是说，在卢克莱修看来，维纳斯代表的就是性欲。这种生理分析构成了第二部分讨论的基础。在那里，卢克莱修批判了对爱的错误评价，描述了这种错误评价的后果，最后还提供了如何处理这种激情的建议。很有意思的是，关于爱的整个文本都说明了伊壁鸠鲁主义的"计算法"，因为这种将爱还原为物理过程的定义，是对爱的影响做出正确评价的基础，③ 而这种评价有助于消除关于"爱的激情"的错误观念。④ 这样，它就有助于避免由于错误理解引起的恼怒，以及因此产生的错误行动。因为紧接着对爱的定义，也就是第二部分，卢克莱修描述了错误理解爱的本质产生的后果，由此对爱进行了批判。也就是说，在卢克莱修看来，错误的行动、幻想以及不幸等并不是源自爱本身，而是源自于对这种情感的错误理解——即将爱浪漫化。

---

① 参见卢克莱修：《物性论》4.1037 ff.。
② 卢克莱修：《物性论》4.1058: *haec Venus est nobis; hinc autemst nomen amoris*。
③ 参见卢克莱修：《物性论》4.1037-1057。
④ 参见卢克莱修：《物性论》4.1073-1120。

因此，这段文本的目的以及其中应用的"计算法"不仅仅给出爱的定义，其中对爱的大致论述以及对后果的描述，都有一个治疗性的目的：帮助人们正确地理解爱。

卢克莱修显然经常利用希腊和罗马的文本，即从希腊喜剧、希腊和罗马的哀歌，从讽刺诗和劝勉传统，从特奥克里图斯（Theocritus）或是卡图卢斯（Catullus）那里收集错误行为的范例。[①] 也就是说，卢克莱修将希腊和罗马文学从属于哲学目的。他在此运用了"计算法"，而这意味着卢克莱修是一位拥有极高文学修养的诗人，同时也能够像菲洛德穆斯那样应用伊壁鸠鲁主义的方法，比如"计算法"，从爱使灵魂无法平静这一事实出发去批判爱这种情感。

九、卢克莱修论瘟疫

从上文的讨论中我们看到，"计算法"有助于理解，为什么伊壁鸠鲁主义者想要将诗歌作为实现哲学目的的例子和经验的储备库。而"始点法"则解释了应当如何以及抱着什么目的阅读诗歌和一般的文学作品，接下来我会证明，《物性论》末尾那段对

---

① 参见 Brown, *Lucretius on love and Sex*, 尤其是 p. 180。

雅典瘟疫的描述就很好地阐明了这种方法。① 这段文本被学者们广泛讨论，② 我只想在这些讨论之上增加一点，那就是关于其中使用的方法。关于瘟疫的这段文本，是卢克莱修诗中明显包含潜台词的段落，这里涉及的是一篇散文作品，即修昔底德在《伯罗奔尼撒战争史》第二卷对雅典瘟疫的描述，③ 罗马人很熟悉这段描述。卢克莱修写这段话的真正目的，需要通过对这两个文本进行细致的分析和比较才能看出。对比两个文本，我们会发现，卢克莱修阐释修昔底德的方式，是找到一些"始点"，促使读者基于伊壁鸠鲁主义的学说展开哲学思考。简单来说，卢克莱修应用了菲洛德穆斯阅读荷马的方法，这种方法我们在分析菲洛德穆斯的《论好君主》时有所讨论。

在这里我无法讨论很多细节，但我认为，卢克莱修对瘟疫的描述是伊壁鸠鲁主义对经典文本进行道德解读的典范。④ 对于那些阅读了整首诗，从而完全了解伊壁鸠鲁主义哲学的读者来说，这段文本同时还提供了检验他们学到的哲学知识的机会。因为他们需要知道卢克莱修那段文字中的潜台词，即知道他以伊壁鸠鲁

---

① 参见卢克莱修：《物性论》6.1138-1286。
② 参见 Erler, "Lukrez," p. 429; M. Gale, *Myth and Petry in Lucretius*, Cambridge, 1994, pp. 112 f., 225 ff.。
③ 参见修昔底德：《伯罗奔尼撒战争史》2.47-54。
④ 参见 Erler, "Physics and Therapy," p. 82ff.。

主义的方式阐释修昔底德关于瘟疫的描述,而且这并不仅仅是一种文学"游戏",而是一种哲学测试,测试读者是否能够在危险的情境中,也能应用他们学到的伊壁鸠鲁主义学说。

卢克莱修描述了瘟疫,①以及当人们对死亡有错误的(即非伊壁鸠鲁主义的)看法时,瘟疫对人类行为的影响,这种错误的看法就是认为死亡对他们来说很重要,并且要竭尽所能避免死亡。对比修昔底德和卢克莱修的描述我们发现,《物性论》中对瘟疫的描述更关注情感,而修昔底德的描述则显得更为"客观",甚至好像是带着某种医生式的疏离感。②也就是说,卢克莱修更关心面对灾难时人们的行为,而非灾难本身。③

比如,在修昔底德谈到人们在亲人的火葬台前争吵,或是谈到人们因为缺少对神的恐惧而疏忽了那些宗教仪式时,总而言之,当他谈到文明的崩溃时,他把所有这些都归结为"恐惧死亡的结果",恐惧展现了它对人类行为的影响。修昔底德同样也有某种教谕的策略。④通过描述瘟疫的症状,他希望未来如果发生类似的情景,读者能够采取预防措施。但在卢克莱修那里,关

---

① 参见卢克莱修:《物性论》6.1138 ff.。

② 参见 H. S. Commager, Jr., "Lucretius' Interpretation of the Plague," *Harvard Studies of Classical Philology*, vol. 62 (1957), pp. 105-118; D. F. Bright, "The Plague and the Structure of *De rerum natura*," *Latomus*, vol. 30 (1971), pp. 607-632。

③ 参见 Erler, "Physics and Therapy," p. 84。

④ 参见 G. Rechenauer, *Thukydides und die hippokratische Medizin*, Hildesheim, 1991, pp. 226 ff.。

注的重点不再是医学现象，而是人们面对那些现象时的行为。他关心的不是打败病魔，而是通过观察人们在面对灾难时的行为来教育读者，① 告诉他们在面对无能为力的情况时，要改变自己的行为。这是伊壁鸠鲁一再强调的。简单来说，卢克莱修展示了阅读经典文本有益于当代伊壁鸠鲁主义的地方：在那些文本中找到"始点"，然后以伊壁鸠鲁主义的方式进行解读。② 为了进行道德教育，卢克莱修自己解读了修昔底德关于瘟疫的文本，并希望读者也这样解读。就像《论好君主》中显示的，菲洛德穆斯也以这种方式解读荷马的《伊利亚特》和《奥德赛》。

十、结论：再论正统与创新

我们已经证明了，传统教育的确在伊壁鸠鲁主义传统中扮演着重要角色，尽管伊壁鸠鲁本人在这方面的态度并不是很明确。当然，一些残篇似乎表明，伊壁鸠鲁可能认为传统教育或诗歌与哲学之间存在矛盾。比如，据说伊壁鸠鲁在他的作品中避免引用散文和诗歌。但如果读他的《致梅瑙凯的信》《基本要道》，或是《梵蒂冈箴言》，就会发现并非如此。因为伊壁鸠鲁的这些作品里有很多引

---

① Erler, "Exempla amoris"；另参见修昔底德：《伯罗奔尼撒战争史》2.49.7-8；卢克莱修：《物性论》6.1208-12。

② 参见 Erler, "Aphormen labein," pp. 113-128。

用和暗示，他不仅承认诗人的智慧，还想要在自己的作品中使用、转换或吸收这些诗歌。伊壁鸠鲁的做法表明，说伊壁鸠鲁主义哲学和传统教育之间存在矛盾太过极端了。我们还看到，伊壁鸠鲁主义者采用了一种方法（"计算法"），这种方法解释了为什么他们认为将散文和诗歌中的文字作为好坏行为的例证是有用的。为了消除读者的烦扰，他们还采用了另一种解读文本的方法（"始点法"）。这样看来，他们就运用了"治疗的阐释学"作为"治疗的哲学"的一部分。最后，我还尝试论证，卢克莱修在他的《物性论》中应用了这两种方法。因此，至少我们不能因为他写了一首诗，而称他为非正统的伊壁鸠鲁主义者。他可能因为写了一部教谕诗而被称为非正统的，但这个非正统并不意味着他没有看到连伊壁鸠鲁本人都在实践的传统，比如，将诗歌从属于哲学。因此，称卢克莱修为非正统的伊壁鸠鲁主义者就过于简单化了。伊壁鸠鲁主义正统似乎接受一定的灵活性，为创新留下了空间，只要这些创新能够根据伊壁鸠鲁本人所说或所做的得到解释。①

因此，在伊壁鸠鲁主义"正统"学说和创新之间存在着某种平衡。这种创新基于伊壁鸠鲁主义者要适应新的罗马时代，因为在罗马时代，传统教育很重要，或者说他们要积极地回应来自其他学派的哲学挑战。在伊壁鸠鲁主义传统内部，尽管创新依然

---

① 参见 Erler, "Autodidact and Student," 尤其是 pp. 22-26；Erler, "Orthodoxie und Anpassung"。

根植于伊壁鸠鲁主义的学说体系,甚至可以被理解为伊壁鸠鲁主义潜能的实现,但还是出现了区分出创新思想的倾向。这种灵活性使得伊壁鸠鲁主义能够在不同的,甚至不太友好的时代生存下来,比如在罗马时代,甚至是基督教时代。我会在最后一章讨论这一点。

第六章　罗马共和国和罗马帝国基督教时期的伊壁鸠鲁主义

一、创新与正统：伊壁鸠鲁主义的实践哲学与罗马传统

"但对我个人来说，它依然是希腊的。"① 莎士比亚的《尤利乌斯·恺撒》(*Julius Caesar*)中，在恺撒被授予王冠时，西塞罗用希腊语说了一些话，塞维留斯·卡斯卡（Servilius Casca）得知这些话后，说了上面那句话。这句话很好地描述了公元前1世纪，罗马人对伊壁鸠鲁主义学说的感受。实际上，对大多数罗马人来说，这个哲学流派极具争议性。② 这也难怪，因为这个流派

---

① 莎士比亚：《尤利乌斯·恺撒》376 f.。
② 参见 M. Erler, "Epikur in Rom. Provokation oder Orientierungshilfe?," in G. F. Chiai ed., *Athen, Rom, Jerusalem. Normentransfers in der antiken Welt*, Regensburg, 2012, pp.77-92; A. Momigliano, "Review of B. Farrington, Science and Politics in the Ancient World," *Journal of Roman Studies*, vol. 31 (1941), pp. 149-157; L. Ferrary, *Philhellénisme et impérialisme. Aspects idéologiques de la conquete romaine du monde hellénistique de la seconde guerre de Macédoine à la guerre contre Mithridate*, Roma, 1988; M. Erler, "Einbürgerung des Epikureismus in Rom," in H. Flashar ed., （转下页）

的主要学说：神不关心人、灵魂是有朽的、原子论的物理学、所有人都追求快乐、传统教育只是获得幸福的工具，所有这些似乎都与罗马人的世界观以及他们最珍视的价值不符。诗人贺拉斯的父亲对他说的话表明（至少看上去如此），哲学在罗马人那里扮演着很小的角色。根据贺拉斯的《第一讽刺诗》，他的父亲对他说：

> 哲学家可能会告诉你应该避免和追求什么的理由。对我来说，如果我可以**延续祖先的传统**(*Traditum ab antiquis morem*)，并保证你的生活和名誉不受损害，就足够了，只要你还需要一个监护人：随着年龄的增长，你的躯体和灵魂都会得到加强，你将在世界这个海洋里游荡，而不再需要救生的木板。他以这种方式从我还是孩子时塑造了我，不管他命令我去做任何事，孩子，你都要这么做；然后，他从选定的执政官中举了一个例子。①

"延续祖先的传统"这句话很好地描述了罗马人赋予哲学的角色，

（接上页）*Grundriss der Geschichte der Philosophie. Die Philosophie der Antike*, vol. 4.1, Basel, 1994, pp. 363-380; J. Malitz, "Tranquillitas und ambition. Römische Epikureer im 1. Jahrhundert v. Chr.," in *Athen, Rom, Jerusalem*, pp. 93-115; M. Erler, "Philodem aus Gadera," in H. Flashar, *Grundriss der Geschichte der Philosophie. Die Philosophie der Antike,* vol. 4.1, Basel, 1994, pp. 289-343; E. Rawson, *Intellectual Life in the Late Roman Republic*, London, 1985。

① 贺拉斯：《讽刺诗》1.4.115 ff.。

即"传统的仆人"(ancilla traditi moris)。① 显然,罗马人对形而上学和追求真理不怎么感兴趣,他们更想要生活上实用的建议和帮助,就像西塞罗在《图斯库伦论辩集》中说的:

> 哦,哲学,生活的指导者,德性的探索者,恶的驱逐者!没有你,不仅是我的,而且所有人的生活,都不知道会变成什么样子!②

基本上,罗马人追求的大体上是实践伦理方面的良好建议,即关于如何过好生活的建议。实际上,罗马人似乎想从哲学那里证实他们已经知道的东西:从传统(mores)里沿袭而来的基本规范会给他们带来良好的生活,因此应当成为每个罗马人的道德准则。这也是为什么罗马人塞涅卡称赞一群有智慧的人——塞克斯蒂学派(the Sextii),③ 称他们是罗马真正的哲学家,因为虽然他们用希腊语研究哲学,但依据的是罗马传统。④ 这个说法证实了罗马

---

① 参见 M. Erler, "Römische Philosophie," in F. Graf ed., *Einleitung in die lateinische Philologie*, Stuttgart, 1997, pp. 537-598, 尤其是 p. 539。

② 西塞罗:《图斯库伦论辩集》5.5。

③ 塞克斯蒂学派是罗马共和国晚期到帝国早期的一个小的哲学学派(大约从公元前50年持续到公元19年),创始人是昆图斯·塞克斯蒂乌斯(Qintus Sextius)。这个学派结合了毕达哥拉斯主义、柏拉图主义、犬儒派和斯多亚学派的元素,主张苦修和道德训练。——校注

④ 参见塞涅卡:《书信》59.7: *Graecis verbis, Romanis moribus philosophantem*。

人认为哲学家应该做的是讨论伦理问题，根据罗马的传统来研究真理，从而更好地解释和理解从祖先那里沿袭而来的思想。在西塞罗的《论神性》中，大祭司柯塔（Cotta）从学园怀疑派的角度进行了论证。①而当柯塔被批评自相矛盾时，他立即承认，最终他当然会遵从宗教传统的权威，而不是哲学论证的结果。显然，柯塔是一个怀疑派哲学家，同时还是罗马的主教，对此他并不觉得有任何问题。而有趣的是，我们还知道其他一些主教，同时也属于伊壁鸠鲁主义传统。因此，似乎只要遵守了确定的规则，持哪种哲学立场并不重要。

这也可能是伊壁鸠鲁主义会出现在公元前1世纪的各种文本中的原因，就像我们从很多资料中看到的那样。②同时，它也解释了为什么伊壁鸠鲁主义在罗马上层社会发挥了一定的影响，就像罗马作家普鲁塔克在对话中展示的那样，因为普鲁塔克描述了公元1世纪和2世纪罗马一些重要人物的谈话。③这样看来，通常认为伊壁鸠鲁主义只在罗马下层社会有影响力，因为伊壁鸠鲁的学说表达了人性弱点的普遍诉求，这种看法就是错误的。伊壁鸠鲁的学说到达了罗马共和国的上层，以及帝国早期的统治阶层。

---

① 参见西塞罗：《论神性》3.5。

② 参见 Sedley, "Epicureanism in the Roman Republic"。

③ 参见 Erler, "Epicureanism in the Roman Empire," 尤其是 p. 50 f; G. Roskam, *"Live unnoticed" Λάθε βιώσας: On the Vicissitudes of an Epicurean Doctrine*, Leiden, 2007。

这种现象产生的一个重要原因，是人们能够根据自己的需要和对自己生活的规划来采撷伊壁鸠鲁的学说，而不用接受伊壁鸠鲁的整个哲学体系。西塞罗和贺拉斯，以及后来的基督徒或帝国时期的柏拉图主义者，已经在某种程度上采用了这种态度，而这种态度有助于伊壁鸠鲁主义思想的传播，使它能够在一些让人意想不到的时代背景中留下印迹。

同样有助于伊壁鸠鲁主义传播的，还包括伊壁鸠鲁本人的生活方式，因为他证明了其学说尤其是伦理学的真实性。这一点给他的追随者和反对者都留下了深刻印象。伊壁鸠鲁的实践伦理学，他为理性原则指导下的生活提供的各种技艺，甚至被那些强烈反对他的唯物主义物理学和神学的人接受下来。显然，伊壁鸠鲁主义将哲学理解为一种治疗，这符合罗马人对哲学的理解，因为他们将哲学理解为实践性的，而伊壁鸠鲁主义的治疗哲学，有助于指导生活实践，也有助于获得知识。比如西塞罗和贺拉斯都希望，哲学能够为良好的生活提供帮助。西塞罗赞扬苏格拉底，因为"苏格拉底……是第一个将哲学从天上拉到城邦中的人，他让哲学进入每个家庭，让哲学对生活、道德、好与坏提出疑问"。①

贺拉斯给洛里乌斯（Lollius）的一封信表明，他为了同样的目的——寻求哲学指导——阅读诗歌和哲学书籍：

---

① 西塞罗:《图斯库伦论辩集》5.10。

> 伟大的洛里乌斯，当你在罗马慷慨陈词时，我在普拉厄纳斯特（Praeneste）再次品读了特洛伊战争的作者的作品，关于什么是高贵的、什么是可耻的、什么是有益的、什么是无益的，他讲述得比克吕希普（Chrysippus）和克朗托（Crantor）更清晰也更好。如果你没有其他事，请听我说说为什么得出这个结论。①

显然，诗人和哲学家的作品不只是为了娱乐，更重要的是要供读者思考。②诗人为读者提供了一种品格，能够帮助他们应对生活的困难。而这显然符合伊壁鸠鲁主义者及其学说所提供的东西，同时也是他们的作品要实现的目的。

因此，菲洛德穆斯在他的作品中主要关注实践伦理问题，而不是伊壁鸠鲁主义的基本问题（比如物理学），这就显得非常合理而有趣了。毕竟，就像我们从西塞罗那里了解到的，物理学或自然哲学并不是当时罗马人的主要兴趣所在。③因为我们不得不承认，卢克莱修的《物性论》在古代更多是因为美妙的诗句而非哲学内容取得成功。

---

① 贺拉斯：《书信》1.2.1-10。
② 参见贺拉斯：《书信》1.1.36 f.。
③ 参见 D. Sedley, "The Status of Physics in Lucretius, Philodemus and Cicero," in A. Antoni et al. eds., *Miscellanea Papyrologica Herculanensia*, vol. 1, Pisa, 2005, pp. 63-68。

第六章　罗马共和国和罗马帝国基督教时期的伊壁鸠鲁主义　　167

另一方面，虽然在伊壁鸠鲁主义和罗马传统习俗方面存在很大差异，我们依然可以发现，伊壁鸠鲁主义似乎在很多方面都尝试融入罗马时代。这一发现可能让人感到惊讶，因为现在很多关于伊壁鸠鲁主义的手册都告诉我们，伊壁鸠鲁主义有明显的教条主义和正统观念的特征。一些古代和现代阐释者认为，伊壁鸠鲁主义者依赖权威文本，忠实于他们的老师，尤其是创始人伊壁鸠鲁（对伊壁鸠鲁的崇拜就说明这一点），以及伊壁鸠鲁主义花园中的其他重要人物：比如美特罗多鲁斯、赫尔马库斯、波利埃努斯等人，即那些所谓的"伟大人物"（hoi andres）。① 当然，伊壁鸠鲁主义者的确努力追求思想的延续以及正统，并总是追溯到创始人的文本来为自己的观念辩护。在塞涅卡看来，所有的伊壁鸠鲁主义者说的都是一样的。② 菲洛德穆斯认为，与伊壁鸠鲁的文本不一致是一种背叛，③ 晚期柏拉图主义者努梅尼乌斯（Numenius）将伊壁鸠鲁主义传统描述为没有变革（stasis 或革命）的政体（politeia）。④ 但我们发现，认为伊壁鸠鲁主义有着严格的正统规范是现代人（以及古代人）的偏见。我们已经指出了伊壁

---

① 参见 M. Erler,"Epikur," 尤其是 pp. 126-170。
② 参见塞涅卡：《书信》33.4: *Apud istos quidquid Hemarchus dixit, quidquid Metrodorus, ad unum refertur*；另参见 M. Erler, "Orthodoxie und Anpassung"。
③ 参见菲洛德穆斯：《修辞学》1. col. 7.18-28 Longo Auricchio。
④ 参见努梅尼乌斯：残篇 24.22 ff. des Places。

鸠鲁主义者对文学和传统教育的应用,并指出了像菲洛德穆斯等后来的伊壁鸠鲁主义者对实践伦理学的关注。① 我们还了解到,后来的伊壁鸠鲁主义者认识到地理知识的重要性。因此,公元前1世纪的伊壁鸠鲁主义者对伦理问题的主要关注,以及他们对实践方面的强调,在我看来,都是将伊壁鸠鲁主义分成了两部分(*dimidiatus*),而这的确有助于伊壁鸠鲁主义被罗马人接受,并且有助于伊壁鸠鲁主义在文学领域产生影响,包括基督教作家,也是伊壁鸠鲁主义能够在新柏拉图主义的教学中被当作哲学准备(*praeparatio philosophica*)的原因。②

实际上,最新的研究指出,有一些持不同意见的伊壁鸠鲁主义者,也就是说,在伊壁鸠鲁传统内部也存在着不同甚至是革新的观念。③ 一些解读柏拉图主义和伊壁鸠鲁主义创始人的作品,甚至比较了二者关于革新和保守方面的相似之处。比如,在柏拉图传统中,像普罗提诺这样的创新人物会否认创新性,而仅仅将

---

① 参见本书第五章。

② 参见 M. Erler, "Philosophie als Therapie. Hellenistische Philosophie als 'praeparatio philosophica' im Platonismus der Spätantike," in M. Erler and Th. Fuhrer eds., *Zur Rezeption der hellenistischen Philosophie in der Spätantike*, Stuttgart, 1999, pp. 105-122。关于普罗提诺,参见 A. Longo, D. P. Taormina eds., *Plotinus and Epicurus: Matter, Perception, Pleasure*, Cambridge, 2016; D. O'Meara, "Epicurus Neoplatonicus," in *Zur Rezeption der hellenistischen Philosophie in der Spätantike*, pp. 83-91。

③ 参见 Filodemo, *Agli amici di scuola (PHerc. 1005)*, 82 ff.。

自己当作柏拉图的解经者（exegete）。① 普罗提诺这位罗马帝国时代最重要的柏拉图主义者，像菲洛德穆斯那样，深信想要提出全新的或独特观点（kainotomein）的人都犯了"死罪"。因此，他专注于说明自己的观点与柏拉图一致，并将所有那些与柏拉图的教义比较后可能被认为是新的或独创的观点，都回溯到柏拉图本人。同样的描述也适用于伊壁鸠鲁主义者。就像柏拉图主义者在提出他们的观点时，都要回溯到（anagein）柏拉图，塞涅卡描述的伊壁鸠鲁主义者回归到伊壁鸠鲁的做法，也不应该被认为是完全消极的。因为如果真正的创新与传统教义一致就会得到允许。②

在这最后这一章中，我想用更多的例子讨论伊壁鸠鲁主义内部的发展或者说调整。我认为，这些例子不仅证明伊壁鸠鲁主义融入了罗马人的思想世界，而且还有助于古代结束很久之后伊壁鸠鲁主义学说的延续。其中一个例子关于伊壁鸠鲁主义对"经济学／家政学"（oeconomia）和财富的看法，他们讨论了应当如何使用财富。另一个例子关于如何实现理性和智力的进步（prokope）。我会提到菲洛德穆斯的著作《论好君主》，因为在这

---

① 参见普罗提诺：《九章集》5.3.17.19-20 Henry-Schwyzer。
② 参见 M. Erler, "Philologia medicans. Wie die Epikureer die Schriften ihres Meisters lasen," in J. Althoff and W. Kullmann eds., *Vermittlung und Tradierung von Wissen in der griechischen Kultur*, Tübingen, 1993, pp. 281-303, 尤其是 p. 296。

部作品中，菲洛德穆斯解读了荷马的《奥德赛》，尤其是将忒勒马库斯寻找父亲的过程解读成一个教育性的旅行。我认为，联系他在《论死亡》中对旅行的说法，菲洛德穆斯对《奥德赛》的解读对当时在罗马进行的关于正确理解教育旅行的争论有很大贡献。最后，我还会讨论一些基督教作家如何看待伊壁鸠鲁，比如奥古斯丁，并指出伊壁鸠鲁的伦理学和物理学，在文艺复兴时期开始发挥的积极作用。这些发展可能是通过与其他希腊化时期的学派进行哲学争论引起的，尤其是与斯多亚学派的争论。但我认为，同时也应该考虑到文化之间的交流，以及伊壁鸠鲁主义者想要适应新的文化背景，比如在罗马帝国后期成为主导的基督教和柏拉图主义传统。

二、伊壁鸠鲁主义的"经济学"

先来看第一个例子。这个例子主要关于伊壁鸠鲁主义对财富和经济的看法，以及财富对于实现良好生活是否重要。[1]

---

[1] 参见 E. Asmis, "Epicurean Economics," in J. Fitzgerald ed., *Philodemus and the New Testament World*, Leiden, 2004, pp. 133-176; D. L. Balch, "Philodemus, 'On Wealth' and 'On Household Management': Naturally Wealthy Epicureans Against Poor Cynics," in *Philodemus and the New Testament World*, pp. 177-196; V. Tsouna, "Epicurean Attitudes to Management and Finance," in G. Giannantoni and M. Gigante eds., *Epicureismo Greco e Romano*, vol. 2, Napoli, 1996, pp. 701-714; R. Laurenti, *Filodemo e il pensiero economico degli Epicurei*, Milano, 1973。

菲洛德穆斯在这方面也提供了很多资料，他在《论经济》(De oeconomia，或《论家政经济》)中讨论了这些问题。这部作品保存在莎草纸上，很多年前就被编辑成册，① 其中提供了菲洛德穆斯关于财富的观点，主要关注在伊壁鸠鲁主义经济理论中收入的来源问题。② 菲洛德穆斯关心如何过智慧者那样的生活。他思考了各种不同的职业，这些职业可能适合那些想要过伊壁鸠鲁主义的哲学生活的人。在这部作品中，菲洛德穆斯预设了伊壁鸠鲁主义者会融入到共同体的日常生活。他考察了伊壁鸠鲁主义者与他们所在的社会的关系，也考察了伊壁鸠鲁主义有关经济和自然财富的基本学说，还提供了他本人的伊壁鸠鲁主义家政经济理论。其中的基本问题，是如何结合谋生的需求和伊壁鸠鲁主义者的生活。毕竟，伊壁鸠鲁主义者接受自然的和有限的财富，而伊壁鸠鲁本人曾说过，这些都很容易获得。③

菲洛德穆斯在这部作品中的很多观点，似乎都受到了伊壁鸠鲁主义者美特多罗斯的影响。④ 但在讨论收入的来源问题时，菲洛德穆斯表示他在表达自己的观点。这一点对我们的主题很有意

---

① C. Jensen, *Philodemi* ΠΕΡΙ ΟΙΚΟΝΟΜΙΑΣ *qui dicitur libellus*, Leipzig, 1906; Laurenti, *Filodemo e il pensiero economico degli Epicurei*, pp. 13-185; Erler, "Philodem aus Gadera," p. 319 f.。

② 参见 Asmis, "Epicurean Economics," p.164。

③ 参见伊壁鸠鲁:《基本要道》15。

④ 参见 Asmis, "Epicurean Economics," 尤其是 p. 149-161。

义。① 因为这意味着，这篇论著的第三部分不只表达了菲洛德穆斯对家政经济的看法，而且还表明他从一个新的视角自由地阐释了伊壁鸠鲁主义的立场。菲洛德穆斯对伊壁鸠鲁主义经济理论做了修正，以适应当时罗马的贵族。当然，关于家政经济的哲学讨论有着悠久的传统，比如历史上的苏格拉底似乎就关注家政管理的道德层面，其他人，比如色诺芬（Xenophon）、亚里士多德或（伪）特奥弗拉斯托斯人（Pseudo-Theophrastus）等都试图将良好的道德建议结合到他们的哲学原理之中。② 菲洛德穆斯也抱有同样的目的，但他没有将家政作为社会生活的基础。即使在伊壁鸠鲁主义哲学传统内部，菲洛德穆斯似乎也与伊壁鸠鲁，甚至是美特多罗斯的观点存在差异，尽管菲洛德穆斯一再强调他在某些重要方面追随了他们的脚步。菲洛德穆斯关于财富的立场更为积极，在他看来，富有比贫穷更好。阿斯米斯（E. Asmis）认为，菲洛德穆斯主张有限的富裕，而伊壁鸠鲁则为贫穷提供慰藉。③ 菲洛德穆斯的观点可能是对犬儒主义（Cynicism）的反驳，④ 同时

---

① 参见 Erler, "Epikur in Rom. Provokation oder Orientierungshilfe?" 尤其是 p. 81。

② 参见 Aristoteles, *Oikonomikos. Schriften zur Hauswirtschaft und Finanzwesen*, ed. and trans. by R. Zoepffel, Darmstadt, 2006。

③ 参见 Asmis, "Epicurean Economics," pp. 150, 164。

④ 参见伊壁鸠鲁：《基本要道》15；《梵蒂冈箴言》44; C. Natali, "Oikonomia in Hellenistic Political Thought," in A. Laks and M. Schofield eds., *Justice and Generosity: Studies in Hellenistic Social and Political Philosophy*, Cambridge, 1995, pp. 95-128, 尤其是 p. 110。

也有利于伊壁鸠鲁主义被罗马富裕的贵族接受，比如款待菲洛德穆斯的皮索。但菲洛德穆斯对于在战争、马术和采矿等领域中牟利持怀疑态度，他还认为作为农人来赚钱是无用的，但他立即补充道："如果一个人是农场主，那么让其他人来为他工作，对这个人来说是合适的。"①

这一点很有趣。因为色诺芬笔下的苏格拉底曾说，农人的生活是最好的，不管他是自己干活还是让其他人帮他干活；苏格拉底后来说，绅士农人让其他人帮他干活，这样他自己就有时间待在市场上。② 菲洛德穆斯不喜欢干活的农人生活，而喜欢绅士农人的闲暇，因为这样可以远离工作和政治。在菲洛德穆斯看来，农人的生活是令人愉快的，因为他能够与朋友一起度过闲暇时光。

也就是说，菲洛德穆斯将不同的生活方式分了等级，绅士农人的生活是次优的选择。最优的选择当然是哲学家的生活，他们将真理的话语传授给那些心存感激的人。菲洛德穆斯说道：

> 最好的也是最高贵的事情，就是收到那些能够理解他们的人的谢礼，那些人因为与他们的哲学对话而心存敬意与感

---

① 菲洛德穆斯：《论财产管理》col. 23.7-11 Jensen（*On Property Management*, trans. by V. Tsouna, Atlanta, 2012, p. 63）。

② 参见色诺芬：《家政管理者》（*Oeconomicus*）6.9；Asmis, "Epicurean Economics," p. 172。

激,就像伊壁鸠鲁经历的那样。①

虽然菲洛德穆斯相信,最好的生活方式是哲学家的生活,因为他们能够与他人分享哲学,收入来自向其他人传授真理所获得的感激,但是菲洛德穆斯还是想要结合哲学家与农人的生活,条件是后者由前者引导、对哲学开放,并且能够接待那些与他分享哲学快乐的人。显然,菲洛德穆斯设想了一种生活,在这种生活中,像他这样的哲学家能够与罗马的农场主一起度过闲暇时光。在我和阿斯米斯看来,这是第一次在文献中看到哲学家被明确作为一种有收入的职业,虽说菲洛德穆斯委婉地将它称为"感激"。② 在他看来,哲学家的生活并不是尽可能获得权力,而是与他人分享自己的思想。这样菲洛德穆斯就解决了伊壁鸠鲁主义哲学家的困境,因为对伊壁鸠鲁主义者来说,一方面他们不应该参与到经济事务中,但另一方面,他们又必须以某种方式谋生。菲洛德穆斯结合了挣钱与从事哲学。菲洛德穆斯对哲学家和农场主生活方式的强调,可能是在回应当时的一些讨论,比如,西塞罗在《论义务》(De officiis)中也评价了很多职业,并最终得出结论,在所

---

① 菲洛德穆斯:《论经济》23.23ff Jensen。
② 参见 Asmis, "Epicurean Economics," p. 171。

有能够获利的工作中，没有什么比得上农耕。①一些学者认为，这个结论可能受到了帕纳提乌斯（Panaetius）的影响，他的斯多亚主义观点更为温和，对罗马人产生了很大影响。他认为外在的好、赚钱、绅士农人的生活都很有价值。②可能确实如此，但我们同时也应该注意到，菲洛德穆斯对不同生活的排序，以及对哲学家与农人生活的结合，这些都与当时罗马的社会环境密切相关，也与菲洛德穆斯自己的处境相关。因为他住在一个有钱的朋友皮索·凯索尼努斯家里，享受着他的庄园，还在那里招待伊壁鸠鲁主义的朋友。菲洛德穆斯对实践伦理学的强调，可以被认为是调整伊壁鸠鲁的教义以适应罗马时代的例子。它给罗马上层发出了一个信号：请他们向哲学打开自己的财富。这也正是西塞罗在他的对话中描述的情境。在这个背景下，菲洛德穆斯强调财富的积极方面以及哲学家和农人如何共同生活的重要性就显示出来了。他的观点可以被认为是在回应斯多亚学派的立场，并对当时的哲学争论做出贡献。但我认为，它们同时也为罗马上层的生活方式提供了哲学上的合理性：享受作为绅士农人的闲暇，同时通过接受哲学教育，也就是伊壁鸠鲁主义，来丰富他们的生活。

---

① 参见西塞罗《论义务》1.150f; A. Dyck, *A Commentary on Cicero, De Officiis,* Michigan, 1996, 331 ff.。

② 参见 P. A. Brunt, "Aspects of the Social Thought of Dio Chrysostom and the Stoics," *Proceedings of the Cambridge Philological Society*, vol. 19 (1973), pp. 9-34。

菲洛德穆斯的辩护，解释了哲学在罗马时代应有的样子，也就是像贺拉斯的父亲认为的那样：作为传统的仆人（ancilla traditi moris）。

三、忒勒马库斯的旅行与对旅行的批判

另一个调整的例子，更确切地说，是伊壁鸠鲁主义对罗马时代的批判性回应与调整的结合，这个例子可以在菲洛德穆斯的两部作品中找到：《论好君主》和《论死亡》。前者用伊壁鸠鲁主义关于进步的概念解读了《奥德赛》中忒勒马库斯旅行的故事，后者讨论了旅行对幸福的作用。我会论证，《奥德赛》中描述的忒勒马库斯的教育旅行，阐明了伊壁鸠鲁主义关于道德进步的概念，它不仅有助于更好地理解卢克莱修《物性论》中的一些方面，而且结合《论死亡》中对旅行的批判，有助于我们理解在当时的罗马关于教育旅行的争论。在伊壁鸠鲁主义者看来，教育旅行能够培养良好品格，从而有助于幸福的生活。

（一）忒勒马库斯的旅行

下面我们来看这两部论著。荷马的《奥德赛》第四卷描述了忒勒马库斯到斯巴达寻找父亲的旅行，菲洛德穆斯在《论好的统治者》中赞赏了这一旅行的教育意义。杰夫·费什（Jeff Fish）

对这段文本进行了新的解读，①从而使我们对菲洛德穆斯有了新的理解。在《奥德赛》中，荷马不仅描述了奥德修斯在特洛伊战争开始二十年后，回到家乡伊塔卡（Ithaca）的旅程，《奥德赛》开篇还描述了他不在的时候，伊塔卡这个地方发生的事情。荷马讲述了佩内洛普（Penelope）的故事，她的追求者们为了与她结婚而竞争；还讲述了年轻的忒勒马库斯想离开伊塔卡去寻找父亲的故事。根据《论好君主》现存的残篇我们看到，菲洛德穆斯认为，忒勒马库斯开始的是一场教育旅行，因为这次旅行展示了这个年轻人在道德和理智上的进步。

菲洛德穆斯认为，在旅行中，忒勒马库斯取得了进步，如果他继续留在自己的家乡，他就依然是"那个没有听到、看到这么多新鲜事，没有体验过平等者之间的自由言论，在很多方面都没受过教育的人"。②在菲洛德穆斯看来，虽然忒勒马库斯在这次旅行中不曾经历品格上的转变，但他对自己有了更多的了解，并通过解决旅途中的问题学到了很多。这两种能力都能帮助他处理回

---

① 参见 J. Fish, "Philodemus on the Education of the Good Prince: *PHerc*. 1507, Col. 23," in G. Abbamonte and A. Rescigno eds., *Satura. Collectanea philologica Italo Gallo ab amicis discipulisque dicata*, Napoli, 1999, pp. 71-77; J. Fish, "Anger, Philodemus' Good King, and the Helen Episode of *Aeneid* 2.567-589: A New Proof of Authenticity from Herculaneum," in *Vergil, Philodemus, and the Augustans*, pp. 111-138。

② 菲洛德穆斯：《论好君主》col. 23.14-19 Fish；另参见 Fish, "Philodemus on the Education of the Good Prince," p. 74。

到家乡后面对的困难。

菲洛德穆斯对忒勒马库斯的阐释令人惊讶，原因有以下几点：首先，它证实了学界对菲洛德穆斯的一种阐释，这种阐释之前只存在于对古代晚期柏拉图主义者波斐利文本的一个批注里，直到最近费什解读了一些莎草纸文本，才印证了这种阐释。① 其次，可以看出，显然菲洛德穆斯把忒勒马库斯和奥德修斯都当作伊壁鸠鲁主义中的"追求进步者"（prokoptontes），即他们很想在道德和理智上有所进步。② 伊壁鸠鲁主义者的确相信道德进步是可能的，人们可以通过仿效好的典范，在伊壁鸠鲁主义的引导下提升自己。塞涅卡在一封书信中区分了三种类型的伊壁鸠鲁主义的"追求进步者"：一种是很有天赋的年轻人（proficientes），他们能够通过自己取得进步；第二种是学习较慢、需要他人帮助的人；还有一种不只需要被引导，而且需要别人强制他们变好。③ 从伊壁鸠鲁主义者那里我们了解到，这种道德进步被纳入道德的治疗技艺之中，并成为伊壁鸠鲁主义伦理学的重要组成部分，从而引导人们成为伊壁鸠鲁主义的智慧者。在伊壁鸠鲁看来（我们

---

① 参见 Scholia in Homeri Odysseam 1.93.284; 另参见 Fish, "Anger, Philodemus' Good King, and the Helen Episode of *Aeneid* 2.567-589," p. 131。

② 关于进步的概念，参见 G. Roskam, *On the Path to Virtue: The Stoic Doctrine of Moral Progress and its Reception in (Middle-) Platonism*, Leuven, 2005, 2 ff.。

③ 参见塞涅卡：《书信》52.2-5。

在前面讨论过），这些智慧者仍然会受情感的影响，但他们能够正确地处理这些情感。① 因此，根据菲洛德穆斯的阐释，忒勒马库斯的旅行被当作一个关于教育的比喻，描述一个年轻人教育上的进步。

这种通过教育的进步，同时也是卢克莱修对迈密乌斯以及所有《物性论》读者的期待。《物性论》描述了卢克莱修对迈密乌斯的指导，同时也是作为学生的迈密乌斯朝向知识（即伊壁鸠鲁主义）的一场旅行。正如卢克莱修所说，迈密乌斯的教育旅行与伊壁鸠鲁的旅行相关，只不过后者的旅行远远超出了世界的边界。② 初看之下，卢克莱修关于旅行的比喻让人想到歌唱之路（path of song）。在传统中，这种比喻被像荷马和品达这样的诗人使用。③ 实际上，诗人在"无人涉足的道路"上游荡，④ 这种比喻在《物性论》中随处可见。但是这个比喻还要按照菲洛德穆斯阐释《奥德赛》时指出的教育旅行来理解。关于旅行的主题不仅指向诗歌本身，还强调了作为学生的迈密乌斯的学习过程。《物性论》预见了这个过程，并且希望读者也能够经历这个过程。

从西塞罗那里我们了解到，罗马人对物理学不感兴趣，菲洛

---

① 参见第欧根尼·拉尔修：《名哲言行录》10.117。
② 参见卢克莱修：《物性论》1.1-30。
③ 参见 Vogt, *The Poetics of Latin Didactic. Lucretius, Vergil, Ovid, Manilius*, pp. 20-26。
④ 参见卢克莱修：《物性论》1.926 f.。

德穆斯主要关注实践伦理问题的做法也证实了这一点,但显然卢克莱修没有随波逐流。他教导人们伊壁鸠鲁主义的物理学,但他并不以教物理学本身为目的,而是将它作为伊壁鸠鲁主义治疗哲学的一部分,用伊壁鸠鲁主义物理学消除人们的恐惧,从而带来灵魂的平静,这完全符合伊壁鸠鲁主义的口号:消除烦扰(*mitte mirari*)。① 因此实际上,卢克莱修结合了伊壁鸠鲁主义的学说和对这些学说的阐明与解释,用这种方式来讨论物理学,能够帮助迈密乌斯和更一般的读者,将物理学作为沉思的对象,将所学的知识转化为实践准则。② 作为博学的诗人(*poeta doctus*),卢克莱修利用了文学元素和传统教育的内容来传播他的哲学思想,并提供了实践演练的方式,从而将哲学指导转化为帮助人们管理生活的方式。③ 同样,他希望能够提供思考的始点,使迈密乌斯与一般读者能够思考伊壁鸠鲁主义的学说,能够在特定情境中依照伊壁鸠鲁主义的原则做出决定。迈密乌斯与一般读者被认为是伊壁鸠鲁主义的"追求进步者",物理学是实践哲学的一部分,传统文学被当作伊壁鸠鲁主义治疗哲学的一部分。所有这些都表明,将卢克莱修的诗理解为结合伊壁鸠鲁主义哲学和罗马传统所做的努力,是很有意义的。

---

① 参见卢克莱修:《物性论》6.489, 608, 655;D. Clay, *Lucretius and Epicurus*, p. 260。
② 参见 D. Clay, *Lucretius and Epicurus*, 1983, p. 212 ff.。
③ 参见 M. Erler, "Physics and Therapy"。

伊壁鸠鲁主义的"追求进步者"是那些通过获得经验和知识来学习，通过不断地训练从而能够控制自己情绪的人。"追求进步者"这个概念在很多方面都很有意义：首先，它是菲洛德穆斯阐释忒勒马库斯旅行的方式；其次，它向斯多亚学派传递了一个信息，对斯多亚学派关于教育和道德进步的概念提出了异议；此外，它还提供了解读卢克莱修《物性论》的方式，使读者能够更好地理解诗中提到的罗马人迈密乌斯的经历，即学习伊壁鸠鲁主义的物理学。但是我认为，它同时也为罗马人正在进行的关于旅行能否促进幸福的讨论提供了一种答案。

（二）菲洛德穆斯对旅行的批判（《论死亡》）

如果阅读菲洛德穆斯的另一部论著《论死亡》，这一点就会变得非常明显。① 在这部作品中，菲洛德穆斯也讨论了旅行。②

菲洛德穆斯关注忒勒马库斯旅行的教育意义，但这并不是荷马在《奥德赛》中想要说明的全部。如果参考菲洛德穆斯在《论死亡》中的一段文本，他的阐释就会变得更为清晰。因为在这段文本中，菲洛德穆斯对旅行的意义持怀疑态度。就像后来的塞涅卡一样，菲洛德穆斯认为，就道德进步而言，相较于维持内在的

---

① 参见菲洛德穆斯：《论死亡》(W. B. Henry, *Philodemus, On Death*, Atlanta, 2009)。
② 参见菲洛德穆斯：《论死亡》col. 38.10-25 Henry。

良好品格来说，去其他国家游历没有那么重要。因为前者能够帮助我们"像准备好被埋葬那样"生活。①我在此前提到过这个比喻，它表达的是死亡虽然离我们很近但与我们无关，总是意识到这一点非常明智，因为所有人都"生活在对死亡不设防的城邦之中"。②根据菲洛德穆斯的看法，一些人认为我们在外旅行，"去希腊和其他能够到达的非希腊地区"，③容易出现意外的死亡，但是很多人，包括哲学家在内，还是为了追求知识去雅典生活很多年。而菲洛德穆斯认为，这样做是错误的，毫无意义。在他看来，真正有用的不是"去希腊和其他能够到达的非希腊地区"，而是保持那些足够获得幸福的东西，要获得良好的内在品格，要经常意识到死亡离我们很近。④也就是说，每个人都应当成为"伊壁鸠鲁主义的旅行者"（即追求进步者），就像忒勒马库斯在他的教育旅行中那样。

《论死亡》和《论好君主》之中这两段关于旅行的论述并不矛盾。如果有助于获得良好的品格，也就是说如果旅行代表的是伊壁鸠鲁主义意义上的进步，那么菲洛德穆斯很乐于接受旅行。

---

① 菲洛德穆斯：《论死亡》col. 38.16-18 Henry。
② 菲洛德穆斯：《论死亡》col. 37.27 Henry。
③ 菲洛德穆斯：《论死亡》col. 38.8-10 Henry。
④ 参见 M. Erler, "Leben wie im Leichentuch. Anmerkung zu Phld., De morte, col. 38, 16 Henry," *Cronache Ercolanesi*, vol. 41 (2011), pp. 139-142。

第六章 罗马共和国和罗马帝国基督教时期的伊壁鸠鲁主义

塞涅卡和其他人都提到过一场关于教育旅行和良好生活的讨论，在这个背景下，菲洛德穆斯对旅行的伊壁鸠鲁主义式的重新阐释和重新评估就很有意义。① 因为他坚持认为去希腊和其他非希腊地区旅行本身并不重要，重要的是维持良好的品格，而从教育过程的角度理解"旅行"有助于这种品格的获得与巩固。

塞涅卡承认，旅行有助于获得平和的心态。② 但与此同时，他并不认为进行一次又一次的旅行有什么意义。相反，他同意卢克莱修所说的，旅行主要是为了逃避对死亡的恐惧。③ 卢克莱修和塞涅卡以不同的方式表明，应该放弃传统的旅行方式，要作为"追求进步者"开始真正的教育之旅，从而巩固他们的道德品格。也就是说，所有这些人都对那个时代的罗马贵族在他们的金色年华里做的事情发表了评论。对于当时年轻有为的罗马人来说，游历希腊的那些著名地区是必须的：西塞罗在他的《论共和国》中提到，这些年轻人漂洋过海，只为到不同的国家体验不同的风俗。在这个大背景下，菲洛德穆斯将忒勒马库斯解读成伊壁鸠鲁主义的教育"旅行者"，以及在《论死亡》中对旅行展开批判，就变得更好理解了。

---

① 参见塞涅卡：《书信》28。
② 参见塞涅卡：《对话》8.5。
③ 参见卢克莱修：《物性论》3.1053-1075，3.58-98。

四、调整及其效用

关于伊壁鸠鲁主义经济学、教育和旅行的讨论，在某种程度上证明了前几章从伊壁鸠鲁主义对传统教育和神学的看法中得出的结论，即认为伊壁鸠鲁主义传统僵化、正统、不可更改，因此单调乏味的观点，是非常可疑的。伊壁鸠鲁对原创性的看法与对其他观点开放并不冲突，严格遵循伊壁鸠鲁的思想体系并不排除灵活性以及追随者个性化的强调。①

菲洛德穆斯《论经济》中的一段文本证实了这一点，他写道：

> 但如果我们承认，色诺芬和特奥弗拉斯托斯提出的一些（有关家政管理的）观点，对哲学家来说并非不值得考虑，我们就必须把它们加入（到我们的讨论中），因为，相较于从其他人那里借来东西，我们更耻于忽视有用的东西。②

就像我们看到的，伊壁鸠鲁主义传统的确具有一定的灵活性。它能够应对哲学上其他学派的挑战，也能够适应不同的文化背景和

---

① 参见 Erler, "Autodidact and Student," 尤其是 pp. 22-28。
② 菲洛德穆斯：《论经济》col. 27.12 ff. Jensen；另参见 W. Fortenbaugh, et. al., ed. and trans., *Theophrastus of Eresus, Sources for His Life, Writings, Thought and Influence*, vol. 2, Berlin, 1992, p. 504 f.。

不同的情境,这些当然都被伊壁鸠鲁之后的第一代伊壁鸠鲁主义者考虑到了,尽管他们想要建立一个伊壁鸠鲁主义传统,同时也被他们的追随者考虑到了,因为这些追随者力争在罗马时代确立伊壁鸠鲁主义。人们应该总是会想到通过调整,让伊壁鸠鲁主义适应新的传统和环境。因为我们一次又一次认识到,虽说伊壁鸠鲁主义者坚持他们的认识论、物理学、神学的基本要素,但同时也能够灵活地在这些方面进行调整,去适应罗马的传统习俗,以及基督教信仰和晚期柏拉图主义哲学带来的挑战。这种灵活性使伊壁鸠鲁主义延续了超过五百年,并能解释为什么伊壁鸠鲁主义有时会强调新的方面,比如在评价罗马人喜好的旅行时,对传统教育和道德进步给予很高的评价。因此我认为,如果要在伊壁鸠鲁主义传统内部理解这种变化,不仅应该考虑哲学原因本身,同时还要考虑不同文化的融合。文化融合同样有助于伊壁鸠鲁主义传统的延续,即使这意味着它要面对很多理论上的反对,而且需要适应新的文化背景。

五、与基督教的融合和分歧

伊壁鸠鲁主义在不同背景下的适应与接受,需要几个世纪来研究,显然不可能在这里完全展开。伊壁鸠鲁主义甚至适应了罗马帝国时期基督教或新柏拉图主义盛行的文化背景。[1]虽然不可否认,随着古代晚期新柏拉图主义的兴起,伊壁鸠鲁的学说最终逐渐退场,奥古斯丁曾在公元410年的一封信中指出,斯多亚主义和伊壁鸠鲁主义在修辞学校中已经毫无地位,[2]但我们依然可以看到,伊壁鸠鲁的学说在那个时代也留下了印迹。[3]新柏拉图主义有着很强的融合性,即使对伊壁鸠鲁主义也是如此。当然,在古代晚期,新柏拉图主义已经不再与伊壁鸠鲁主义进行激烈的论辩。但即使在那时,早期帝国时期接受伊壁鸠鲁主义学说时展现的两个基本特征依然存在:一方面是拒斥基本的伊壁鸠鲁主义学说,另一方面又接受伊壁鸠鲁主义伦理学的实践部分。这就是所谓的"分成两半的伊壁鸠鲁"(*Epicurus dimidiatus*)。甚至在基督教时代也是这样。当然,多数情况下,伊壁鸠鲁是基督教驳斥的目标,一些教父将伊壁鸠鲁当作无神论者,认为他对世界的秩序和神意的存在提出了质疑。但另一方面,在反对虚假的预言和歪曲的神谕时,伊壁鸠鲁主义者和基督徒观点一致,卢西

---

[1] 参见 A. Longo and D. P. Taormina eds., *Plotinus and Epicurus*, Cambridge, 2016;关于后来的哲学家,参见 D. O'Meara, "Epicurus Neoplatonicus";这些证言收录在 H. Usener, *Epicurea*, Stuttgart, 1887, 再版于 Cambridge 2010。

[2] 参见奥古斯丁:《书信》118.21。

[3] 参见 Erler, "Epicureanism in the Roman Empire", 尤其是 p. 50 f.;M. Erler, "Epikureismus in der Kaiserzeit," in Ch. Riedweg, Ch. Horn and D. Wyrwa eds., *Grundriss der Geschichte der Philosophie. Begründet von Friedrich Ueberweg. Völlig neu bearbeitete Ausgabe. Die Philosophie der Antike, 5/1. Philosophie der Kaiserzeit und der Spätantike*, Basel, 2018, pp. 197-211, 242-249。

安（Lucian）的作品中关于阿波努泰库斯的亚历山大（Alexander of Abonuteichos）的故事就说明了这一点。亚历山大呼吁"赶走基督徒！"而他的追随者则补充了"赶走伊壁鸠鲁主义者！"① 基督徒和伊壁鸠鲁主义者因排斥异教迷信而被联系在一起，尽管二者的理由不同：伊壁鸠鲁主义反对所有形式的宗教狂热，而基督徒是因为深信只有他们的信仰才是真正的信仰，才能得到来世的福乐。另一个一致之处是，二者都在各自的共同体内部提供了另一种生活方式，尽管动机还是非常不同：一个是为了此世的幸福，另一个是为了来世的福乐。这两群人都因拒绝参与公共生活而遭到谴责。此外，伊壁鸠鲁本人还因为他节制的生活方式，受到了基督徒的尊重。一些伊壁鸠鲁主义的元素偶尔也会被基督徒接受。如果比较伊壁鸠鲁主义的回忆录，与早期基督教的《使徒行传》(*Acts of the Apostles*)或者圣徒传记，就会得到很有意思的结果。尽管存在各种差异，但我们经常可以在一些教父那里，找到伊壁鸠鲁主义学说的印迹，作为他们思考的出发点，虽然他们通常都不会承认。在这方面，奥古斯丁尤其有趣。伊壁鸠鲁的学说是奥古斯丁批判古代哲学的主要目标，他主要谴责伊壁鸠鲁将德性变成了肉体欲望的奴隶，② 其他批判还针对伊壁鸠鲁的唯

---

① 参见卢西安：《亚历山大》17.25.38.61；另参见 D. Clay, "Lucian of Samosata: Four Philosophical Lives," *Aufstieg und Niedergang der römischen Welt*, II, 36.5, pp. 3406-3450。

② 参见奥古斯丁：《信仰的作用》10；《上帝之城》5.20；《布道》348.3。

物主义和神学。奥古斯丁了解伊壁鸠鲁的主要资料是西塞罗，尤其是他的《论神性》《图斯库伦论辩集》和《论道德目的》。从奥古斯丁作品中的一些暗示、称赞或例子可以看出，他对卢克莱修也很熟悉。所有这些都至少表明，伊壁鸠鲁的学说是教育领域的一个经典，尽管它构建的是典型的拒绝启示的世界观。很长一段时间里，奥古斯丁对伊壁鸠鲁主义的态度都是模棱两可的。像他之前的很多人一样，他为伊壁鸠鲁的伦理学和生活方式折服，甚至承认伊壁鸠鲁能够帮助人们正确地认识和处理现实生活中的问题。奥古斯丁承认，他自己最初也接受了伊壁鸠鲁主义思想。显然，在奥古斯丁与摩尼教告别之后，转向柏拉图主义之前，伊壁鸠鲁的学说在他寻求神学的确定性方面发挥了作用。就像他说的，只是因为他对灵魂不朽的信念，才使他无法将胜利的桂冠授予伊壁鸠鲁：

> 我和朋友阿里皮乌斯（Alypius）以及内布利迪乌斯（Nebridius）讨论过好和坏的本质，我认为，如果我没有对伊壁鸠鲁不相信的东西持有深刻的信念，那么伊壁鸠鲁就会摘走胜利的桂冠。我深信人死后灵魂依然有生命，有一个报偿之地。[①]

[①] 奥古斯丁：《忏悔录》6.16。

第六章 罗马共和国和罗马帝国基督教时期的伊壁鸠鲁主义

伊壁鸠鲁认为灵魂是有朽的,尽管奥古斯丁反对这一信念,但他的确觉得伊壁鸠鲁的快乐主义很有吸引力。虽说奥古斯丁自己也承认,他可能会因为这种想法而恐惧来世的惩罚。他甚至想过(虽然只是假设)是否有可能结合伊壁鸠鲁的快乐主义和基督教对灵魂不朽的信仰。奥古斯丁明确说道:

> 假如我们是不朽的,永远享受着身体的快乐,并且不用害怕失去任何东西,那么为什么我们不是完全幸福的呢?为什么我们还要寻求其他东西呢?①

但是后来奥古斯丁认为这种假设是错误的,②并在很多场合批判伊壁鸠鲁的学说,就像古代后期以及中世纪其他很多基督徒做的那样。

在这场旅程的最后,我们来看看伊壁鸠鲁主义传统在后面几个世纪的情况。文艺复兴初期,奥古斯丁关于结合伊壁鸠鲁的快乐主义和基督教对灵魂不朽的信念的假设,被伟大的哲学家和语文学家洛伦佐·瓦拉(Lorenzo Valla)接受,并在他的《论真

---

① 奥古斯丁:《忏悔录》6.16。

② 参见 M. Erler, "Epicurei, Epicurus," in *Augustinus-Lexikon*, vol. 2, Basel, 2002, pp. 858-861;关于思想背景,参见 W. Schmid, "Epikur," in *Rreallexikon für Anttike und Christendum*, 5 (1962), pp. 681-819(重印于 H. Erbes, J. Kueppers and W. Schmid eds., *Ausgewählte philologische Schriften*, Berlin, 1962, pp. 151-266)。

实与虚假的好》(*De vero falsoque bono*)中得到了辩护，这本书也被称为前现代快乐主义的纲领性文本。瓦拉不仅主张二者的结合，而且还引入基督教关于身体复活的信条来论证其正当性。① 他认为，身体的复活（以及与之相伴的永恒的身体快乐 [*perpetua corporis voluptas*]），在某种程度上保证并证明了此世生活的快乐主义，以及对来世快乐的期待。在瓦拉的作品中，奥古斯丁关于伊壁鸠鲁主义的快乐与灵魂不朽的思想实验，成为对现世保持积极态度的理由，而这种积极态度又是文艺复兴时期的主要特征。因此我们再次看到，虽然伊壁鸠鲁主义哲学的主要原则，如物理主义、自然神论、灵魂有朽等，都遭到了驳斥，但伊壁鸠鲁主义的实践伦理，即"分为两半的伊壁鸠鲁"却得到了广泛接受。这种矛盾贯穿了整个中世纪，我们在彼得拉克、薄伽丘、但丁那里都能看到这一点，但丁在《飨宴》中表达了对伊壁鸠鲁的尊敬，认为他是实践伦理学的履行者。② 对伊壁鸠鲁实践伦理学的接受，似乎还证明了（我在本书开篇提到过）伊壁鸠鲁在拉斐尔的《雅典学园》里占有一席之地的合理性。只有文艺复兴时期结束后，

---

① 参见瓦拉：《论真实与虚假的好》；另参见 M. Erler, " 'Et quatenus de commutatione terrenorum bonorum cum divinis agimus...'. Epikureische Diesseitigkeit und christliche Auferstehung bei Augustinus und Lorenzo Valla," in F.-J. Bormann ed., *Abwägende Vernunft. Praktische Rationalität in historischer, systematischer und religionsphilosophischer Perspektive*, Berlin, 2004, pp. 78-90。

② 参见但丁：《飨宴》III.6.11 ff.；《地狱》X.13 ff.。

伊壁鸠鲁的实践伦理学才失去了地位，但是在 17 世纪，人们对伊壁鸠鲁主义物理学、唯物主义和原子论的兴趣却日益增长。伊壁鸠鲁主义者卢克莱修不仅被当作诗人，而且被当作物理学、原子论和宇宙论方面的专家。人们关注的焦点转移到了伊壁鸠鲁的自然哲学。[1] 这不难理解，因为当时已经到了哥白尼时代，自然科学领域有了很多发现，所以伊壁鸠鲁主义的自然哲学开始扮演重要角色。这种关注焦点的变化很有意义，并且对于我们理解伊壁鸠鲁主义为什么会在接下来的几个世纪发挥作用非常重要。然而，值得注意的是，伊壁鸠鲁主义从古代一直延续到哥白尼时代的一个重要原因是，伊壁鸠鲁主义者们更多地关注实践伦理问题，而不是物理学，他们其实是首先宣扬"分成两半的伊壁鸠鲁"的人。在实践伦理这一半的伊壁鸠鲁通常都被接受，即使是在对他充满敌意的柏拉图主义或基督教时代，就像拉斐尔的画显示的那样。这就是我在这本书中想要论证的主题。

---

[1] 参见 C. Wilson, "Epicureanism in Early Modern Philosophy," in *Companion to Epicureanism*, pp. 266-286; C. Wilson, *Epicureanism at the Origins of Modernity*, Oxford, 2008; M. Erler, "Lukrez' Nachwirkung als Naturphilosoph und Dichter," in V. Elm et al. eds., *Die Antike der Moderne. Vom Umgang mit der Antike im Europa des 18. Jahrhunderts*, Hannover, 2009, pp. 13-29。